阿光小芸日常的哩咕啦
幼兒性教育繪本
指導手冊

荷光性諮商專業訓練中心
BEONE SEXUALITY COUNSELING TRAINING CENTER

目錄

■ 呂嘉惠
荷光性諮商專業訓練中心執行長

出版序

性教育是關係教育

我是荷光性諮商專業訓練中心執行長，以我25年在台灣性諮商領域耕耘的專業資歷，誠摯的向您推薦這一套幼兒性教育套書——阿光小芸日常的嘰哩呱啦——以依附關係為主體的性教育繪本，這是家長與孩子練習談身體、談好奇與建立關係的好工具！這套書書出版的目的，是為了支持家長實踐性教育是關係教育的理念。

是否你正在經歷育兒歷程中，許多家長曾經歷過的困擾？你想跟孩子談談認識身體、性教育，不知該怎麼辦？

或嘗試從茫茫繪本海中，篩選適合使用的媒材，在尋找的過程中，必須摸索、思考著自己想傳承給孩子性教育的概念究竟是什麼？好不容易找到了，總會發現也許那本繪本的某部分，也許有些尷尬，或不是那麼適合……

孩子還小時，我投資非常多的金錢與時間在搜尋適合的書籍。因此，我一直發想著，希望能有一個出版社，能彙整教育與性教育理念，為家長們出版能涵蓋親子關係的性教育繪本。

這願望從我孩子是哇哇啼哭的嬰兒，到現在已近成年，終於，王嘉琪、陳姿曄、楊舒聿，三位心理師、性諮商師，從被我邀請一起發想，到不斷被我督促、鼓勵、要求，或許該說是踏上一條她們從未想過的道路，但卻異常地豐碩與美好！

其中大家花下非常多的心血與面對種種挑戰，只為回應一個我們孩子已經不需要，但卻是我們曾作為家長的共同心聲！我們需要有將性教育與親職教育整合，並且系統性的「以依附關係為主體的性教育媒材」，幫助願意跟孩子談性的家長，在孩子性發展的旅程中不缺席，而且能被完全的支撐著前進！

江束
社團法人新北市幼兒教保發展協會理事長

聯合推薦

「每一位孩子的生命都像一首曲，每一位孩子都有譜出不同曲調的能力與耐力，每一位孩子的成長過程都該受到給予教育的凝視，好讓他們未來能譜出屬於自己的曲調。」

在學前教育現場教學多年，我們發現近十年來，孩子早熟的程度遠超越我們的想像，環境的複雜程度也讓我們與家長們都必須與時俱進的關注、傾聽，滿足孩子在知識缺口上的好奇心與學習的熱情，特別是在「性別教育」上。

好多人可能會有疑慮「在幼兒園階段就教性別教育會不會太早啊！」、「這麼早就教孩子會懂嗎？」當家長發出這些疑慮時，我們都會這麼說：「教了，孩子不一定會懂；但是不教，孩子一定不會懂！」所以我們要給孩子時間，就是慢慢教，持續教，教到孩子會為止。

當我們發現孩子提出「老師，○○摸我的身體」、「老師，○○拉我的裙子」、「老師，○○說我的雞雞可以給他看嗎？」事件頻率變多了，我們也不得不、也不能再害怕早一點跟孩子談身體自主、早一點讓孩子意識性別差異、早一點讓孩子更清楚知道自己從哪裡來？因為孩子總是會長大的，而有心侵犯我們孩子的人永遠不會嫌你的孩子小，這就是「教育不能等」的使命。

過去當我們遇到上述的情況，會利用日文翻譯繪本《我的小雞雞》(維京國際，2003)與孩子們進行團體討論，藉由繪本和孩子一起討論和面對這個嚴肅的議題。但因為這本繪本出版年限有一點歷史，有些情境及傳達的深度與廣度還是有限，因此，我們也期待有一套台灣自己出版的繪本，幫我們與家長協助孩子從談生命教育去認識身體、從傳達性別教育而去保護自己。因此，當荷光告訴我有一套完整的談論性別教育的台灣本土繪本，我真的非常期待，閱讀內容後，我決定代表為「社團法人新北市幼兒教保發展協會」寫下這套書的推薦序。

這套繪本設定許多親子互動的場景，協助父母去建構與孩子互動探討性別教育的氛圍，讓父母能透過此書輕鬆地回答孩子臉紅心跳的提問和明確對孩子說明如何保護自己。角色設定考量也特別從兒童發展過程及性別差異去發展，小家庭中的哥哥阿光、妹妹小芸從洗澡開始認識男女有別、身體構造差異(《衝啊！洗澡囉！》)。從角色扮演、互相模仿帶入生命教育的初探(《啊哈！我也要生小寶寶！》)，選定各種動物及昆蟲，透過小動物、昆蟲們的特質與多元反應，讓「不舒服」可以有機會被對話，也透過對話去尋求互相理解的基礎。(《好奇寶寶就是我！》)透過繪本裡的情境設定，讓孩子去理解每個人都會因自己的喜好有不同的表現，當你不喜歡或有不舒服情緒時，應該怎麼辦？帶著孩子尋找情緒轉承的出口(《我不喜歡！停》)。對我來說這不只是一套繪本，也是一套陪著孩子了解自己的工具書。

利翠珊
輔仁大學兒童與家庭學系教授

在我多年婚姻與家人關係的教學與研究工作中,「性」一直是重要卻不容易被碰觸的主題,主要是這對多數人來說是個禁忌話題,用字遣詞稍有不甚,就可能引發各種立場不同的團體爭議。

我曾經問過作者之一,也是多年前從輔大兒童與家庭學系碩士班畢業的王嘉琪深耕性教育與性諮商的原因,她分享了自己初次接觸此議題時的臉紅心跳,但也意識到這是一塊亟待開發的領域。她用一首耳熟能詳的兒歌:「頭兒肩膀膝腳趾」讓我秒懂我們對自己身體的陌生其來有自。就在這樣對身體的一知半解中,我們一代又一代摸索前進,在人際互動與親密關係中不小心就失去了方向。

這套包含一本知識工具書及四本適合親子共讀的繪本,真是家長的好幫手。面對孩子在「性」議題上的好奇,該怎麼說才不會扼殺純真的好奇心,又不會讓自己無止盡的擔憂,是很多家長的疑問。這套書選定浴室、公園、臥室、客廳等生活場景中,透過主角阿光、小芸各種對性的好奇與爸爸媽媽的回應,直接提供家長實際可行的解答,相信可以讓焦慮的父母大大鬆一口氣。

這套書也以七種小動物來代表不同性格的孩子,從媽媽「洗澡囉!」的呼聲中,可以看到迫不急待要去玩泡泡的狗兒、不想洗頭的孔雀、想慢慢來的烏龜,還有擔心泡泡弄到眼睛的刺蝟等有趣的內心戲,彷彿重現各個家庭的沐浴時光,令人不覺莞爾一笑。

我最喜歡的,是書中處處呈現對家長的了解與貼心。在指導手冊中,作者除了用淺白語言將一些艱深的學理介紹出來之外,也設計了17道選擇題,讓家長評估自己在心態上的準備度,再分別針對安心型、求知型、拓展型等不同準備度的家長,提供使用繪本的建議。對於還沒有準備好直接對孩子說出性器官名稱的家長,可以有一些替代的選擇,例如:「這是生小孩會做的事」。

看到荷光的芸光兒童與青少年性諮商中心親職性諮商團隊透過繪本套書,以既專業又生活的方式來談論性,覺得開心又感動,這一條不容易的路已經有人開疆闢土了。也相信他們重視孩子的差異,以及照顧不同需求家長的努力,會被看見並且珍惜。

王婉諭
立法委員

性教育,一直以來都不是件容易的事。同樣身為媽媽的我,很能理解每位家長在教導孩子性教育時,遇到的種種問題。因此,有好的書籍、輔助工具,來幫助家長和孩子入門,對於推廣、深化性教育來說,是非常重要的!

由荷光性諮商專業訓練中心旗下的芸光兒童與青少年性諮商中心親職性諮商團隊的夥伴,專業打造的

幼兒性教育繪本套書,內容非但不艱澀,更用了許多日常對話,帶領父母與孩子,輕鬆、愜意地討論性。透過這套繪本,家長可以學會如何開口跟孩子討論性,更透過孩子聽得懂的語言、文字,讓他們對性,踏出正確認識的第一步。

謝謝芸光團隊,送給了家長與孩子們一個這麼好的禮物!

吳珮芳
兒童福利聯盟文教基金會社工二處副主任

性 教育應該是家長親職能力中最困難的部分，在學校沒被好好教過，想問長輩親友可能也不好意思，理論書籍又不知如何運用？現在有了本土的幼兒性教育繪本套書，書中深入淺出為家長說明如何與學齡前的孩子討論性。除了知識概念說明，更是從理解家長的心情，先關心家長再引導家長如何運用繪本資源，與孩子建立正向親子關係、輕鬆談性。我最喜歡書中運用各種「動物」象徵孩子

日常的言行舉止，以各種不同氣質的角度，呈現孩子多元樣貌，幫助家長認識孩子發展中可能呈現的行為樣貌，並讓親子對話有更多的延伸性。

趕快善用本書理解孩子的發展，從各種生活情境中練習如何回應孩子培養安全親密的親子關係吧！

周雅淳
「單親媽媽和她的小孩」粉絲專頁版主

最近這一兩年來，易讀本成為性教育／性侵害防治教育／兒童身體界線這幾個領領域中頗為流行的形式。「易讀本」與有完整故事的繪本並不相同，在這樣的創作形式中，通常以作者想探討的概念為核心，用各自獨立的圖搭配簡單說明文字，主要目的是以此為引子，讓共讀的大人和小孩可以依照其關注和興趣有不同的延伸、發想和討論。缺點就是易讀本勢必犧牲故事性；以及搭配圖畫的文字表面上看起來容易，但其實需要相當高的知識背景，都讓這類型的書只能侷限在共讀，也非常考驗大人的知識和講述能力。

我們可以很明顯看出荷光在製作這一套本土幼兒性教育繪本套書時，期望同時具備繪本故事性及易讀本可討論性雙重優點的企圖心。繪本中的故事都很簡單，甚至是我們非常熟悉的幼兒日常對話場景；字裡行間的對話都輕巧簡單，並且配備了其他動物表現對話的各種可能性。這樣的安排讓孩子可以因為熟悉的場景而投射認同，也給了大人詮釋及發展的空間。

而作為一個專業的諮商機構，荷光在指導手冊中，展現了對父母具體的同理與支持。他們先放下孩子，將關注焦點回到父母身上：以具體的問題，引導父母反思自己的價值、立場、態度、知識等面向，讓父母釐清自己在身體、性教育的知識、價值光譜中落在哪個位置，以此為基礎，父母非但可以更認識自己，更能發展出一套讓自己能「與孩子自在談性」的方法。

值得一提的是，在這五本繪本中，除了四本適合年齡較小的孩子，《小寶寶出生的秘密》非常適合國小高年級的班級共讀活動，以目前社會資訊傳播狀況來看，大部分國小高年級兒童對於繪本中提到的概念可能都已經有所接觸，但少有機會能夠統整在一起有完整認識，更難能可貴的是，作者將「多元家庭」的概念具體化，也呈現了生育、養育抉擇的多種可能和複雜。

邱似齡
慈恩心理治療所所長

「我希望建築能夠同時達成『簡明』，也希望達到擁有『深度』。建築應該是一個讓人在精神上能夠獲得充實飽滿力量的空間。」——安藤忠雄

作者群在讀者心中建造一座名為性教育的建築，用繪本形式簡明傳遞，但用大腦神經科學及依附關係打造閱讀深度。談論性教育時，以全然被接納與愛為前提，談論界限與自我保護。孩子感覺到相信與自我肯定，親子關係中感覺精神飽滿，充滿安全感與力量，走上一條名為自己之路，始於性教育，將安於愛，穩於光。

楊雅晴
作家

「媽媽你的屁屁跟我一樣，弟弟的屁屁跟爸爸一樣！」我家女兒在弟弟出生之後很興奮地跟我說，彷彿發現新大陸似的，可愛極了。雖然我們認為兒童性教育很重要，但實際上在認識自己的身體或者性這件事，是小孩教會我們坦然以對，他們對身體、對性沒有任何的罪惡感，相當平常心。性教育，是大人透過教育小孩，重新接納自己的身體與性，而小孩則必須在原本的天真無邪當中，學習設立界線。

很感恩《阿光小芸日常的嘰哩呱啦》的問世，書中可愛的插畫、生活化的情境，讓性這個話題能夠輕鬆地在親子間流動，化解了許多父母對性教育的緊張。性就是創造力，真正尊重性而非恐懼性，將能讓許許多多的孩子與大人更自在、自信，並且有力量去創造更美好的生命故事。

賴芳玉
律師

性，是一個極為隱私又自主的議題，涉及很多情感、情緒和身體界線的討論。但卻放入相當神祕、隱晦、獵奇的位置，導致我們一輩子都欠缺性教育的學習機會，而只能透過不可言說、偷窺下疑似性暴力媒材中累積經驗，即便困惑、不舒服也無法健康地討論。

尤其，幼兒性教育更是不容易，因為每個人可接受的性語言標準不同，這個「不一樣」，會帶入家長本身對於性文化的焦慮，稍有差池，就衍伸許多負面標籤和想像，以致讓孩子無法自在探索，並接納自己身體。很高興性諮商師看到了家長們的焦慮和需求，於是有了這套幼兒性教育繪本，我相信這對許多家長而言，宛如久旱逢甘霖的喜悅，真心推薦。

作者序

王嘉琪
心理師、性諮商師

「**如**何與孩子談性說愛」的親職性教育相關講座，是我很關注與大量在推廣的親職教養議題，其中，繪本是很重要與孩子談性的媒材，卻往往遇到要推薦給家長時，發現某繪本又「絕版」的窘境。某次討論，荷光性諮商專業訓練中心呂嘉惠執行長一句話：「不然我們自己出版，就不用擔心絕版了。」當下覺得太重要了，覺得可以有台灣經驗的本土性教育繪本，對家長來說是一個教養的禮物。沒想到當時天馬行空的一個對話，幾年後真的被實踐，整個創作過程對我來說，是一個充滿感恩又豐厚專業的旅程。

這一套幼兒性教育繪本從發想的收集資料、到設計理念討論、找繪者溝通到創作完成，像是走了一個孕期，在嘉惠的帶領下，與姿曄、舒聿兩位好夥伴每週空出一天一起討論，字字句句著墨，除了考量年紀、性別、發展、性發展、家長能力，與準備度、知識量、孩子感受、性別意識，與傳遞依附關係為主體的性教育理念，又期待家長看過書後可直接可運用在親子互動上，用想要做出最好、最實用的性教育套書「理念」，是我們遇到卡關、困難時，堅持下去的力量。

楊舒聿
心理師、性諮商師

當我累積著性諮商師的專業訓練時，我的兩個孩子們也來到這個世界上，開始長成他們的樣子。我也思索著身為「媽媽／性諮商師」的我，會怎麼教孩子性教育。

我發現，「我知道我要教，但是，要怎麼教得恰如其分？」真的是好困難。還記得，我跟另外兩位創作夥伴，我們為了描述精子與卵子的結合歷程，苦思好久，拿捏著「精子是『射』或『游』入陰道？」還是，有別的更適合的形容。這些字眼會不會對讀者來說衝擊太大，或者太尷尬等等。我們反覆討論與斟酌著。

當然，我一定要拿討論出來的結論回家做實驗，試試看孩子的接受度。結果，發現心臟比較承受不住的反而是爸爸，還有其他長輩們。而此時，就會真的發現，要教性教育的家長，真的要成為學習型的家長。因為人際反應能力、情緒安頓能力等等各種能力，都需要大量學習與提升！

很慶幸我教性教育的各種挫折與困惑，都可以跟團隊夥伴討論。

這套繪本從我的孩子們還沒進幼兒園開始構思到快出版的此刻，我的孩子們都已經小學中年級了。孩子成長的歷程，就是這套書內容重複試煉的歷程。雖然，常常自嘲「說不定出書的時候，孩子都用不到了！」但，以目前的成果來看，這其實是一套可以反覆閱讀到孩子青春期的知識工具套書！

誠心地推薦給想教幼兒性教育的你！

陳姿曄
心理師、性諮商師

猶記，五年前，荷光執行長嘉惠邀請我與其他夥伴創作性教育繪本時，我覺得怎麼可能？一路走來，我們達成了，覺得這是無比豐盛的旅程！在嘉惠的帶領之下，談性，真的可以在日常生活中實踐著。我經驗了愛與能力在我身上不斷地滋長。

這套繪本，特別的是，「以依附關係為主體」的性教育繪本（詳細推薦閱讀《愛與放手：親職性教育生涯規劃11堂課》）。性教育，其實是關係教育，是協助家長在性教育的位置中，理解與站穩自己的腳步。每個人都不同，每個家庭都不同，我們都有自己的速度學習性教育，這套繪本就是實現家長以自己的進展，落實關係教育的性教育。

繪本協助的是家長，帶給孩子經驗到的，不只是身體的認識，更不是防性侵的性教育，而是帶給孩子的是全人的發展，相信關係中有愛，能力慢慢鍛鍊，達成我們想要的生活。

在繪本創作歷程中，我們經常頻繁地與圖繪公司溝通討論，有幸能遇到非常用心的圖繪公司一同完成。繪本的許多概念，細細地呈現在「指導手冊」中，為的是，傳遞更多核心的概念，讓家長也能在當中，找到理解自己與安適自己的位置，及與孩子談性的步調與能力的準備。繪本指導手冊，能有認同性教育重要性的文編與美編一起走最後一哩路，充滿感謝！

繪本裡的內容與親子對話，經常是我在日常生活中，運用相關的概念，持續的體驗與實踐性教育。我親身經歷參與孩子性發展的軌跡，拓展到孩子的爸爸也加入了，自在談性，見證孩子的性發展。我感受到，孩子對於生命的好奇，對於自己的好奇，對於人際間的好奇，而好奇，經過日常的堆疊轉化成，留在孩子身上，是——我有能力，與被愛著，願意，繼續，帶著好奇與探索。

感謝荷光，感謝夥伴，感謝孩子，感謝自己。

願，你在繪本中，也能同享，在幼兒性教育中，不斷新生的愛與能力繼續滋長。

設計理念

核心關鍵

❶本套繪本設計成「工具書」，用以協助家長減少與孩子談性的焦慮。

❷設計故事場景，示範如何跟孩子談性，知道如何回應孩子。

❸協助家長保持與幼兒談性的「關係」，建立以安全依附為概念的幼兒性教育。

性在華人的社會文化中，是相對敏感的議題。而關於性的各種困惑，往往都是在跌跌撞撞中靠自己摸索，從多元管道與方式中，探尋各種知識。然而，就目前的狀況而言，缺乏自在討論的平台與管道，使得求助者在獲得有科學根據的性知識方面，是極為困難與受限的。在這樣的背景下，從家長自己「沒受過性教育」，到認為「應該要教性教育」，逐漸發展到「想教性教育」，這每一步其實都缺乏相關的資源，包括，如何配合孩子的發展階段給出適切的知識量、運用怎樣的語言描述才妥當、在傳遞相關內容時如何可以自在呈現，以及如果真的遇到困難該如何求助⋯⋯

因為大部分的成人，本身沒有受過性教育，對於要討論性相關的議題，自然會產生焦慮的感受，或是直覺地不予回應等，出現對性議題過度緊張的反應。而當家長在面對孩子的性好奇與性探索而自然衍伸很多的焦慮時，焦慮會展現在生活中的各個面向，倘若成人缺乏覺察焦慮與安頓焦慮的能力，孩子會在親子關係中的語言及非語言互動中，理解到：「不要提這些自找麻煩的東西」。漸漸地，家長與孩子的關係中，便隱隱潛藏著對此議題的緊繃，而這就會變成關係的困境。親與子之間就會自然地避開這些問題，假如真的碰到，就會用開玩笑的方式，或迴避與性相關的主題。因此，就會讓有性方面好奇的孩子選擇不跟家長討論。孩子也自然地學到，與性有關的敏感話題或行為，不要在關係中被發現，如此我們就錯失了建立跟孩子談性關係最開始基礎的起點。因了解到「談性的焦慮」一直在日常中發生，而本套書設計成工具，用以協助家長跟孩子談性。若家長想把性教育放在親子對話中，但知道自己尚無法做到時，這套書可以幫助你，並且有系統、有脈絡地去做。家長有這套書支撐，書中有故事場景，示範如何跟孩子談性，知道如何回應孩子。藉由我們回應孩子，是在幫助孩子，建構孩子未來具有談性的能力。

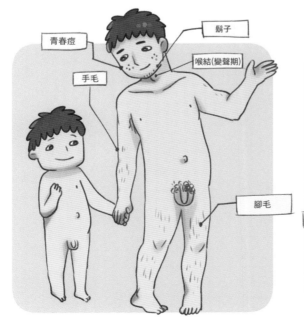

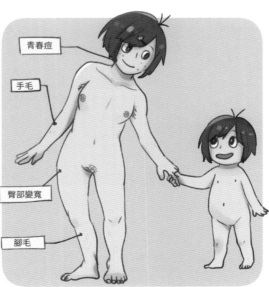

這套書是想協助家長跟孩子在幼兒時期，持續保持著能夠談性的關係。保有此關係，並不是保證孩子未來不會受到性方面的傷害，而是，**當關係中，孩子感到心安，當他面對與性相關的困惑時，孩子會來找你，視你為心裡頭的安全基地。而這份對關係的信心，便是你的心安。**未來，當孩子來到青春期，家長會面臨到很多關係中的挑戰，需要學習更多的能力，倘若你與孩子仍殘存一些先前的基礎，那會是很重要關係中願意再為彼此努力的地基。但是，假如家長到青春期才試著跟孩子談性，通常會發現孩子已經過了需要家長陪伴支持的發展階段。因此，此時通常要回到起點，從建立關係開始。

本套書是由荷光兒童親職性諮商團隊所設計的幼兒性教育繪本，是一套協助家長與孩子談性的工具書。在臨床實務上，我們經常會遇到想教性教育，卻不知道如何教起的家長。團隊最常遇到的家長困惑，包括：「幾歲要開始教？」、「要教什麼呢？」、「會不會教太少，或教太多？」如果教太少，是不是孩子學的不夠；但如果教太多，會不會孩子原本沒想這麼多，可是教了之後，反而各種好奇一直跑出來；又或者，教了之後孩子會不會到家裡以外的地方亂講話，反而惹麻煩。以上種種的困惑，說明了家長對幼兒性教育的焦慮。

然而，在孩子的發展中，會自然而然地對生命的繁衍、自己及他人的身體以及性行為產生好奇，孩子會在生活場景中浮現上述好奇。例如：

玩結婚遊戲……

在爸爸媽媽上廁所的時候，會想要多看一下……

在換尿布的時候，手撫摸自己的生殖器……

玩醫生檢查身體的遊戲……

沒穿衣服光著身子跑來跑去……

對話中有大便、屁屁、尿尿等字詞……

問起精子和卵子是怎麼相遇的……

對衛生棉及月經好奇……

以上，都是正常且常見的幼兒性好奇樣貌，但當家長的焦慮未安頓，以及回應能力尚未建立前，會使得這些生活場景中的性教育無法進行。當家長面對這些狀況時，往往會有以下的三種回應方式：

第一種，斥責。例如：「手不要亂摸！」
第二種，忽略。例如：「別問這些。」
第三種，開玩笑。例如：「真是羞羞臉啊！」

以上這些回應方式，所反應出來的是大多數的時候，家長面臨與性相關的回應時，不知道要回應什麼，回應的細節要到什麼樣的程度，如何設立適當的界線，以及接下來，無論是對外或對內，關係要如何處理的細節要點。

本指導手冊將以各繪本的設計理念為例，讓家長有範例為地基開始拓展，如何在日常生活中建立以安全依附為概念的幼兒性教育。

角色設定

本套書故事主角有爸爸、媽媽、五歲的哥哥阿光與三歲的妹妹小芸。本書以異性戀家庭為腳本，無法涵蓋多元的家庭形式，但家長仍可以透過本書學習到談性最重要的核心能力，家長可以以能力建構取向的觀點協助孩子拓展各種不同家庭型態，包括，同性別雙親、單親、收養／領養等等。以書中所提到的各種能力建構，是可以採用在各種家庭狀況。家長可以選取所需要的繪本內容，加入多元觀點，放入你與孩子的討論之中。

孩子的性別設定為一男一女，是因為想要含括不同性別孩子時，認識不同性別的生理知識、其所產生的性好奇與性探索，以及家長可能會面臨的情況。

此外，用「動物」象徵孩子日常的言行舉止，以各種不同氣質的角度，呈現孩子多元樣貌，幫助家長認識孩子發展中可能呈現的行為樣貌。孩子藉由動物說出自己的心聲，閱讀中得到感同身受的感動，並能獲得情緒上的調節。本套書以下列的各種小動物來貫穿故事主軸：

烏龜

做事情有自己的步調，總是享受著生活的片刻。不喜歡情境轉換，需要多一點時間與準備，才能離開原本正在做的事情。最常說的話：「再等我一下下。」

狗兒

永遠活力十足，精力充沛，每天熱情地活著，用盡每一分力氣的玩樂。個性樂觀，總是喜歡認識新的人事物。最常說的話：「好好玩！好好玩！真是太好玩了！我還要繼續玩！」

貓咪

反應快，總是能在空間裡很快地找到自己舒服的位置，一旦固定下來，就不想移動。如果要移動，一定要出於自己的意願，別人是強迫不來的。最常說的話：「我好想一直懶懶地窩著，看別人就好。」

刺蝟

個性害羞，有時候會因為太害怕，不小心講出很傷人的話，就像是用背上的刺，來保護自己免於受傷。最常說的話：「我不敢講。」

孔雀

個性中有一股隱含的倔強，對事物總有獨到的想法。在關係中，不委屈自己，常勇於表達自己的觀點。心裡常想：「我喜歡這樣子不行嗎？」

松鼠

很知道有困難要找誰幫忙，對自己及他人的情緒覺察度高。是家裏的小幫手，最常說的話：「我知道怎麼辦！」

蛇蛇

觀察力敏銳、認知思考強，小腦袋瓜裡，總有問不完的問題。最常有的樣子是歪著頭問：「為什麼會這樣？」

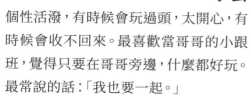

媽媽

常常有小遊戲可以跟孩子玩，透過遊戲陪伴孩子。雖然有時候，會被孩子玩得太開心的瘋狂給震盪到，但，總是練習著安頓自己後，再度回到與孩子的互動中。最常說的話：「我現在需要安靜五分鐘。」

阿光

個性謹慎，對於生活任務總是可以令人放心地完成，需要協助的時候，會主動找父母幫忙。喜歡自己是大哥哥，會照顧妹妹，但有時候也想當小小孩。最常說的話：「我需要幫忙。」

爸爸

家裡的知識寶庫，如果有什麼不知道的事情，會找媽媽一起討論適合孩子的方法，爸爸也能陪孩子在書本裡或者是網路上尋找答案。最常說的話：「這個我不知道耶！我們一起找答案！」

小芸

個性活潑，有時候會玩過頭，太開心，有時候會收不回來。最喜歡當哥哥的小跟班，覺得只要在哥哥旁邊，什麼都好玩。最常說的話：「我也要一起。」

本書特色

本套繪本有幾個特色,包含以下幾個面向——

(一)、生活化

本套繪本以親子日常生活為場景,幫助家長建構談性的能力。透過繪本所呈現的場景,幫助家長有意識地發現,談性,可以在生活當中實踐。藉由繪本的內容,幫助家長釐清在該情境下,孩子所展現的行為,引發自己什麼感受?進一步透過繪本內容,得到初步建構孩子的心理發展及性發展知識,緩解面對孩子行為所產生不安感。家長可以更進一步,學習成為孩子的依附對象,支撐孩子在好奇探索的驅力下,仍然練習尊重他人的感受,並涵容自己衝動行為的能力。

舉例來說,《衝啊!洗澡囉!》是以浴室為場景,呈現孩子發展過程中,對於身體的好奇,呈現出好奇自己與他人的身體,並可能出現的遊戲方式。而《我不喜歡!停》是以公園為場景,呈現出在公共空間的人際的設限相關內容,同時,也包含幼兒

園場景,關於身體的界線,人際回應能力的鍛鍊。至於《好奇寶寶就是我!》則是以沐浴後,在臥室的場景,呈現出孩子間的性的語言與嬉戲。另外,以在家庭中的客廳——最平凡的親子遊戲場,呈現孩子性嬉戲的媒材,以及家長如何回應性遊戲的內涵。此外,內容也包含了,透過家長帶孩子去動物園的場景,反映出孩子對於性的題目與好奇無所不在,面對許多的未知,渴望得到更多的知識回應。《啊哈!我也要生小寶寶!》反映孩子在居家生活中,所展現的模仿行為,顯示出孩子對於生命的起源,有許多的好奇,並帶入性嬉戲的方式呈現其欲力。性的題目,是真實可以在生活中隨處可見。

透過在日常生活的場景之中,建構孩子自我保護的地基,幫助孩子建構辨識自己的感覺,以及自我保護的核心能力,從日常生活就可以做起。

(二)、全面性

本套繪本更全面性地看待孩子的發展歷程與各種能力的建構,包含:依附能力、人際能力、情緒能力,以及生活技能與運用資源的能力。系統性將孩子發展中會有的性好奇與探索的行為,從私人的空間到公開的場域,從對自己的好奇到對他人的好奇,將這些家長隨時面對孩子的景況,以有系統的方式整理出來,融匯在五本書的系列當中。因此,本套書並不是針對孩子的特定與性有關的行為來討論,也不是只討論單一場景,也不是為家長與孩子建構單一的能力,而是,系統性、全面地拓展家長的視角。當在面對孩子的性好奇與探索,也協助家長在各種狀況當中,建構能夠支撐孩子的能力。因此,家長以有系統的、全面性的角度,看待孩子的發展,並以依附關係為主體的概念基礎,發展出性教育的回應方式,能幫助孩子建構對於世界的了解。

場景從私密場景,到公開的場景,到許多人參與的學校場景。從對自己的好奇,到家人之間,衍伸到陌生人,與同學之間的人際狀態等,我們以系統性的場景來涵蓋孩子在發展當中,自然會面臨的性好奇、性探索、性遊戲及性語言。因此,這不是單一的,不是片斷的,或只是為了性教育的傳授,在此概念下,家長不是一個片段式的學習,而是能將每一場景都拿出來運用,不是拿一本書解決一個問題,而是以系統性與全面式地陪伴孩子成長。也在此過程中,藉由本套書的示範,去建構以依附關係為主體的性教育之回應方式。

我們懇切希望在此過程中,可以幫助家長能更有能力,也更安心面對孩子及回應孩子,在每天的日常生活當中,不斷發生的場景裡,將這些都變成機會教育的媒材,而不是變成親子關係的困境。在溫柔堅定,重覆的實踐之下,孩子會在其中學會傾聽自己的感覺,能夠為自己表達,也能尊重其他人的感受,涵容自己的衝動。

(三)、符合幼兒性發展脈絡

本套書中設定兩個孩子角色，分別為三歲的妹妹小芸，及五歲的哥哥阿光。以孩子發展進程來看，三歲的孩子，認知發展及語言溝通發展具備更多的理解及表達能力，展現出愛發問，經常好奇詢問：「為什麼？」或「我從哪裡來？」等，有關生命起源的相關問題。同時，逐漸知道自己的性別，因此，對男、女生性別或大人與小孩身體差異產生好奇。這階段的孩子，在生活中明顯會呈現出愛發問的具體表達的發展階段，並隨之出現相關的性好奇、性語言及性遊戲行為，往往會造成家長困窘，而難以招架。

那麼，關於五歲的孩子呢？倘若，家長在孩子五歲之前是選擇允許或支持孩子有較多好奇與探索的行為，那麼，五歲的孩子，因著生理上四肢肢體協調性愈來愈好，以及認知思考、語言溝通發展更好，那麼可想而知，這會是另一個讓家長困擾的階段。因為孩子的疑惑會更多，愛發問更加顯著，不再接受家長只是敷衍他。孩子的好奇或挑戰，因著自主性提高，所出現的言語或行為，可能會展現在人際互動上，出現肢體的碰觸、言語的嬉鬧，這可能是讓家長十分頭痛的階段。

因此，本書選擇這兩個發展的年紀：三歲的年齡，伴隨認知、語言表達的發展而出現大量的詢問；五歲則因著肢體動作更加協調，自主性更加顯著，而展現出更豐富多變的言行舉止。同時，設定一男一女的幼兒角色，是考量不同性別之間，手足之間的性嬉戲，這經常是讓家長感到焦慮的情境。所以，我們運用此角色作為範例，以作為本套書性發展架構的基礎，讓內容涵蓋可以更多元討論的面向。

那麼，即使您是獨生子女的家長，當孩子與其他的孩子互動時，也可能發生與書中類似的人際互動情形，因此，即可以此幼兒發展脈絡作為基底，認識孩子的性好奇、性探索、性語言與性嬉戲，其在人際互動中呈現的樣貌，並且學習如何回應孩子的性發展。

當然，我們理解許多家長的焦慮，是選擇想要忽略此令人頭疼的發展重要階段。然而，我們呈現此發展脈絡，就是希望學習型家長，不要錯過最黃金時刻。通常最困擾的時刻，就是最黃金的時刻。因此，本套書藉以發展與人格的角度，建構認識孩子性發展的一個基底，做為全書的核心出發點。

(四)、從依附關係為主體的親子性教育回應示範，將性教育日常化

本套書是以依附關係為主體的親子性教育作為概念基礎，讓家長鍛鍊與孩子間的依附能力。因此，本套書是以性教育為媒材，讓家長有充足的能力，可以應對孩子日常性發展的場景，而並非用禁止、忽略或玩笑的方式帶過。當家長能以穩定、成熟及涵容的態度面對孩子性發展，並且將性的題目一般化，同時視發展為正常的歷程，理解孩子學習人際界線需要一個過程，而家長的位置，是有能力涵容並且陪伴這個發展的過程，那麼，家長穩定的支撐，循循善誘，是以依附關係為主體，將性教育視為機會教育的媒材，這些能力也會逐漸地在過程中，賦予在孩子身上。

因此，本套書所示範的回應方式，或許對於許多家長來說，無法立刻解除焦慮，因為，書中設定的家長角色大都是微笑的接受。從中，可以思考的是，當家長想要立刻解決焦慮，就要強制介入孩子的發展，也許行為確實會得到某種控制，但可惜的是，卻也可能帶來後續發展上的議題。因此，家長在其中所運用的方法，同理、設限及重新引導，進一步拓展新的可能，這是依附關係最好建立的方式。所以，本套書巧妙地以家長熟悉的生活場景，反覆地協助家長去鍛鍊回應孩子的能力。

15

(五)、家長工具書

綜合以上所述,這套書,是家長性教育的工具書,家長可以模仿書中的內容回應孩子,開啟親子性教育的「對話」。因為,本套書的內容,依著發展的脈絡,可以達到以下的功能:

❶ 了解孩子的性發展知識,一般化孩子性的行為樣貌。有些家長因著了解孩子發展過程中,很自然呈現的行為樣貌,能稍微放鬆看待孩子的狀態。

❷ 書中的家長示範如何涵容孩子的狀態,那麼,您可以從中學習到具體回應的能力。

❸ 同時,因著性發展過程中,出現的行為樣貌,你可以運用此書,幫助孩子梳理其中的情緒、感受與困境。

❹ 更進一步,你也可以運用此書創造與孩子對話的空間,實踐更多以依附關係為主體的性教育。

(六)、親子情緒投射遊戲書

本套書設計了許多小動物,小動物的角色是呈現在該場景中,孩子可能會有各種狀態。所以,小動物可以成為孩子與家長投射出來的對象,可以藉由小動物所呈現出來的情緒樣貌,讓孩子天馬行空表達出內在可能的狀態,也讓家長有機會以小動物的行為樣貌來進行對話的媒材,減少直接針對孩子的行為討論所形成的壓力。

(七)、支撐不同準備度的家長

以依附關係為主體,是協助所有家長,面對孩子性的題目,都能好好回應孩子,依照家長不同的準備度,有不同的做法。本套書為不同的家長做不同的準備。所以,指導手冊後續內容會協助家長了解自己是哪一個型態的家長,接著,以相對應的型態,知曉在要進行性教育前,需要做哪些準備。

當家長開始性教育,因著家長不同的準備度,加上與孩子很獨特的發展歷程,家長很有可能會遇到本套書尚未擴及的面向,包括,性教育中遇到的挑戰與困擾。這時,家長們可以運用本套書的作者——荷光兒童親職性諮商團隊,作為家長們遇到困擾的專業資源。最重要的是,家長知道有一個團隊在支持著你,可以增進新知,得到相關知識,或是藉由相關專業課程,協助家長持續增能,成為學習型的家長。

心態準備度

你即將看到一個簡單的自我評估問卷,我們將依照你所勾選結果,大致會分成三種不同準備度的家長,進而向你推薦不同使用這套書的順序與方式。

每道題目的設計,是依據幼兒性發展常見的行為樣貌與性教育的主要內涵,包含:「生命起源」、「身體認識」、「自我照顧與衛生」、「性別認識」、「身體界線與自我保護」之五個向度,並搭配家長在回應孩子時,希望協助孩子建構的能力,包含:知識、情緒力、人際回應能力、資源使用的能力與哲學觀所設計,共計17題。

「性教育準備度」問卷

請你在閱讀後,依照每個❹❻❸三種不同的回應方式,挑選最符合自己的選項❹❻❸選項並沒有好壞或是對錯之分,主要是要了解目前你與孩子談性的準備度。

生命起源

(1)、當孩子問你:「我從哪裡來?」的時候,想要了解生命的起源時,你的反應是?

Ⓐ孩子現在問這個問題好像太早了,我不知道怎麼回答相關正確的知識。

Ⓑ我會跟孩子說:「你像小種子一樣,在媽媽的肚子裡長大,10個月後再出生到這個世界上。」

Ⓒ我腦海中浮現各種回應的方式,隨孩子的認知發展不同,我會給出不同的回應,例如:「爸爸的精子進入到媽媽的肚子,遇到媽媽的卵子,變成受精卵,受精卵長大後,再從媽媽的陰道出生的。」只是有時候無法拿捏怎麼回答。

(2)、我帶孩子去公園散步時,看到狗狗們在交配,我的反應是?

Ⓐ我會有點緊張,快速把孩子帶離現場。

Ⓑ我會猶豫我要告訴孩子些什麼。

Ⓒ我可以自在地陪伴孩子討論他的好奇。

17

(3)、當電視出現親密畫面時，你的反應是？

　　Ⓐ我不會做明確回應，覺得孩子長大之後就自然會知道了。

　　Ⓑ知道孩子會對這畫面會有好奇是正常的，但我不太知道要如何回應。

　　Ⓒ覺得這是機會教育，可以讓孩子知道生命是如何開始的。

身體認識

(4)、孩子玩弄自己的生殖器官，並指著生殖器官（例如：陰部、陰莖）問我時，我的反應是？

　　Ⓐ我會轉移孩子的注意力，不正面回答他，長大自然就知道了。

　　Ⓑ我會跟他說：「這是尿尿的地方，它的名字叫做小雞雞（或小妹妹），旁邊那兩顆是你的蛋蛋。」

　　Ⓒ我知道孩子玩弄生殖器官是自然的發展現象，我會利用這個機會跟他介紹身體的各個部位，包含生殖器官，像是陰莖、睪丸、陰部、胸部。

(5)、生活中，孩子指著我的生殖器官（例如：陰部、陰莖）問我時，我的回應是？

　　Ⓐ這樣的場景不會在我們家發生。

　　Ⓑ我感到不自在，知道應該用正確名稱回應。

　　Ⓒ我很自然地使用正確名稱回應孩子。

(6)、當孩子想要碰觸大人的隱私部位時，你的反應是？

　　Ⓐ這一定不行！

　　Ⓑ「這是我的（身體部位），你不可以摸。」但孩子沒有主動詢問時，我不會特別說明性器官。

　　Ⓒ「你很好奇我的身體，但你直接碰我，我嚇了一跳！」同時，我會介紹身體部位名稱，包含對於性器官的認識。

自我照顧與衛生

(7)、平常在幫孩子洗澡時，你會如何教導孩子隱私部位的清潔？

　　Ⓐ我會讓孩子知道隱私部位不衛生，必須清洗乾淨，避免孳生細菌。

　　Ⓑ我會邊清洗邊跟孩子說：「這裡是尿尿的地方，要洗乾淨，如果有癢癢，可以跟我說。」

　　Ⓒ我會邊幫孩子清洗邊教育孩子，練習自己洗，跟孩子說，用指腹的地方輕輕搓一搓皺褶的地方，用清水沖一沖，沒有滑滑的就可以了。

(8)、當幫孩子如廁訓練時，孩子尿尿在地上，正在用手玩尿尿，我的反應是？

Ⓐ 我會感到很生氣，覺得孩子怎麼這麼髒。

Ⓑ 我不太能理解孩子為何要玩尿尿，覺得有些擔心，但會想要進一步問我的朋友多些了解。

Ⓒ 我知道這是孩子發展過程中很自然的行為，我會與孩子一起恢復環境與事後身體清潔。

(9)、當孩子洗澡完，光著身體在房子裡來跑去時，我的反應是？

Ⓐ 我有時候會開玩笑說：「羞羞臉，快來穿衣服！」

Ⓑ 我知道孩子覺得好玩，但是，會覺得這樣孩子會太習慣不穿衣服，好像不太好，因此我會叫孩子趕快把衣服穿上。

Ⓒ 我通常會自在地跟孩子玩一會兒，或者，讓孩子跑來跑去一會兒。

性別認識

(10)、當孩子問：「爸爸是男生，媽媽是女生，我跟爸爸一樣有小雞雞，我也是男生。」這時你的反應是？

Ⓐ 我會說：「對啊！我們家爺爺、爸爸還有你是男生，奶奶、媽媽是女生。」

Ⓑ 我會說：「有小雞雞的是男生；有小妹妹的是女生。」

Ⓒ 我會找機會用繪本或其他媒材，幫助孩子瞭解男女不同生殖器官的差別。

(11)、當我看見朋友的小兒子穿著女生的連身裙時，我的反應是？

Ⓐ 我覺得這樣怪怪的，也替朋友感到擔心。

Ⓑ 我知道孩子會想嘗試，但我好像不太能接受我的孩子這樣穿。

Ⓒ 我知道孩子正在好奇與探索中，想要經驗不同的穿著。

(12)、當孩子詢問起，為什麼媽媽有大ㄋㄟㄋㄟ，而爸爸是小ㄋㄟㄋㄟ時，我的反應是？

Ⓐ 我會快速地帶過讓孩子知道男女的不同。

Ⓑ 我會告訴小孩，媽媽的大ㄋㄟㄋㄟ，是可以餵小貝比的喔！

Ⓒ 我會好奇孩子還有什麼發現，有機會的話，我會跟孩子討論他還有發現些什麼是男生與女生之間的不同。

身體界線

(13)、你發現五歲小孩睡覺時，經常碰觸自己的生殖器，你會想的是？

Ⓐ 這樣很髒，會容易細菌感染。

Ⓑ 我知道孩子在探索身體，可是這麼小就自慰，好嗎？

Ⓒ 我知道這是孩子探索身體的過程，同時，我也會觀察碰觸的頻率與場合，再決定是否更進一步與孩子討論。

---

(14)、在親子館、公園等公開場合，孩子說要觸碰我的胸部時，我的反應是？

Ⓐ 我覺得不舒服，會努力避免孩子有這樣行為發生。

Ⓑ 我會擔心孩子怎麼了，是不是有問題，會想找資訊了解孩子的行為。

Ⓒ 我能理解這是孩子自然的行為，我會知道怎麼處理這個狀況。

---

(15)、當孩子經常無預警地打我的屁股時，我的反應是？

Ⓐ 我覺得打人是不允許的行為，我需要立刻制止孩子。

Ⓑ 我會覺得不舒服，也想轉移孩子的注意力，陪他玩其他的遊戲。

Ⓒ 我知道孩子覺得好玩，但同時也依自己的狀態，決定加入或拒絕遊戲。

運用資源

(16)、在孩子日常生活中，遇到與孩子有與性相關的語言或行為時，我會怎麼做？

Ⓐ 我會在育兒群組中發問，或問問身邊的朋友。

Ⓑ 除了上網找資料之外，我也會參加相關主題的親子講座。

Ⓒ 上網找資料、看書、參加講座以及找專家諮詢，是我面對育兒困惑的方式。

哲學觀

(17)、我對於性教育的想法是？

Ⓐ 我覺得不能教太多，教了反而更危險或是孩子會問更多。

Ⓑ 我覺得性教育應該要教，但不知道該教多少，教了會不會引發更多的問題。

Ⓒ 我覺得性教育應該從小做起，並保持學習的態度，持續學習相關知識。

自我評估解答：

計分方式：每個選項，選到一分。

Ⓐ：正 正 正 正 ＝ ⬜ 分
Ⓑ：正 正 正 正 ＝ ⬜ 分
Ⓒ：正 正 正 ＝ ⬜ 分

哪個分數最高，反應你目前與孩子談性的準備度是哪種類型，但因著性教育有不同的內涵與狀況，你可能會發現有些題目你挑選不同狀態，你可以回頭去看每個題目的內容，覺察自己在不同性教育內容的自我的準備狀態。

以下就三種主要類型，逐一說明—

A類型　安心型

你會希望跟孩子談性，你會感覺到內在是有緊張和焦慮的。或許因為文化價值的影響，你並不會主動跟孩子談性相關的問題，並會減少談到這些內容。在親子互動的日常中，有時當孩子有這些議題呈現時，你會用忽略、轉移注意力，或是搪塞的方法，想要避免這種處境。而你在看這本書，代表其實你是想要有不同的選擇，但你必須正視你內在狀態，並且需要更多時間去理解與照顧自己與焦慮的原因是什麼。

然而，孩子的發展與性發展不會停下來，所以，我們會先推薦你在使用本套書時，先仔細閱讀這本指導手冊，建構與孩子談性的知識與心理準備；之後，再閱讀每本繪本，覺察隨之而來的感覺，若有焦慮時，你可以找到你焦慮的部分，然後思考一下你焦慮的是什麼？焦慮來源是什麼？是否有安頓焦慮的方式？

你可以試著去探索，讓你感到不舒服是否跟某些價值觀或某些經歷有關，而這些如何影響了你。建議你跟孩子談之前，要先自我照顧。你可以寫一封信給孩提時候的自己，想像你如同你的孩子的年紀出現相關探索的行為時，你感受到什麼、你內在的感覺是什麼，此時，你可能會發現這些價值觀、羞恥感是從哪裡來，若心裡浮現更多負面經歷，或許你會給這個孩提年紀的自己一些照顧，減少你直接面對不舒服的衝擊。

21

你也可以嘗試運用周圍的支持系統，透過與伴侶、朋友或是專業工作者討論，幫助自己安頓談性的焦慮，再與孩子談性，避免把對性的焦慮傳遞給孩子。

要挑選哪一本繪本作為第一本與孩子談性的繪本呢？請依照自己的自在度來挑選，以最自在的繪本作為第一本。若是您不知道如何挑選，建議您選用《啊哈！我也要生小寶寶！》，這主題是所有孩子在發展中會好奇的主題，除了畫風風趣幽默之外，整個架構是以知識為主，幫助孩子了解精子與卵子結合到出生的過程。當中，若是有些文字或是畫面讓您不自在，你可以先用你自在的方式跟孩子說明，例如：此繪本的第8頁，有一個有陰莖進入陰道的局部畫面，有些家長會不自在，也無法說出陰莖兩個字，您可以說：「這是生小孩會做的事情」，主要是先練習與孩子自在談性為主，讓孩子感受到親子關係是可以跟父母談性。

B類型　求知型

你很想正視性教育的重要性，但是你內在的焦慮，或是一些困惑，尚未完全釐清，所以當你要做性教育時，會有不安感，當看到孩子性的好奇相關舉止時，會不知所措，但你是想進行性教育的，只是不知道要怎麼做。你可以嘗試幾下的方法：

❶ 把本套書看過幾遍，因為過往成長經驗並沒有大人教過性教育，生活中也幾乎沒有機會談論性議題或是討論性教育，有時只是因為一時很緊張，而不知道怎麼開始或怎麼說，看過幾遍習慣了，可能感覺就會自在多了，也會透過閱讀過程，建構與孩子談性的相關知識。

❷ 可以拿書唸給家人聽，去做個練習，或者是跟好友做個練習，唸給他聽，或是拿書去問問朋友，面對這些情境，朋友怎麼處理。因為這些情境是大家都會碰到的，這本書也可以成為你跟其他朋友溝通討論的媒材，這會幫助你慢慢地放鬆與習慣。同時，這個歷程可以把性教育一般化，因為其他的小孩也可能會出現這些狀態，不是只有你的小孩如此。因此，大家也會提供給你很多的方法，或是提供你不同的看法。此時，可以覺察看看自己是否逐漸在這過程中比較放鬆，並可以更順利地操作這本套書。如果到此階段，還是有很大的困難，建議你找專業的資源得到適當的協助。

❸ 至於，要挑選哪一個繪本做為第一本與孩子談性的繪本呢？請依照自己的自在度來挑選，最自在的繪本作為第一本。若每一本繪本你都覺得可以很自在的使用，可能還是會好奇有建議的閱讀順序嗎？你可以依以下的思考作為挑選的依據：

ⓐ 親子互動中，先從孩子好奇的主題開始，例如：孩子常問：「媽媽我是怎麼生出來的？」或「小寶寶怎麼進入到媽媽肚子裡的？」就會建議從《啊哈！我也要生小寶寶！》這本開始。

ⓑ 你準備好想要跟孩子進行性教育的主題，或是生活中遇到相關的狀況，想透過繪本跟孩子一起討論。例如：孩子不喜歡洗澡，或是每次洗澡怎都拖拖拉拉的，抑或是想要教孩子洗澡的順序，就會建議從《衝啊！洗澡囉！》這本繪本開始。

ⓒ 如果你沒有與孩子談性的經驗，但是覺得自己應該已經準備好，還是不知道從哪一本開始，那麼不妨從浴室對話開始，因為浴室場景往往是大人與孩子最自然談性的空間與機會，就從《衝啊！洗澡囉！》開始，主要是認識身體與性器官，再到《啊哈！我也要生小寶寶！》，在客廳空間討論生命的起源，以上是私領域空間的討論，之後再到《好奇寶寶就是我！》，在農場的戶外空間與孩子討論相關的性好奇，最後再到《我不喜歡！停》設定在校園場景，陪伴孩子討論身體界線的人際回應力。

C類型　拓展型

你對身體與性保持著開放與自然的態度，你已經跟孩子在日常中談性與進行性教育，也了解孩子的性發展是一直持續不斷的，希望能夠更有方法可以陪伴孩子，去面對身體與性，跟孩子討論性的話題。然而，性教育就是關係教育，在關係中學習辨識情緒、表達感受、設定界線與人際能力，都是親子性教育重要的內涵，這些能力也是在日常的親子互動中，藉由回應與示範，一步步協助孩子在成長中建構相關能力。

因此，這套非常適合你，建議使用方法如下：先把本套書先看過，你可先標記困難或擔心的地方，再細看指導手冊，看指導手冊理念是否足以支撐你標出來疑惑的地方，以幫助你對這些問題有所理解。進一步，以指導手冊理念，開創你自己的方法，如果你能達成，那麼從哪一本繪本開始都可以。

談性，你與孩子都需要準備

有時，你準備好跟孩子談性，但孩子不一定是準備好要跟大人談性。在引導孩子讀這套書時，還是以漸近的方式，尊重孩子的感覺為佳。當你準備好跟孩子談性，但孩子不想看時，這時候你可以暫時放下跟孩子討論性教育，你可以分享為何你讀了有趣？你想跟孩子討論什麼？你可以先用說故事方式與孩子對話，引發孩子對書的好奇。本套書有一群可愛的小動物可以運用，小動物的語言都是日常生活中孩子常見的情緒感受或是反應，可以先講給孩子聽，或是陪孩子先認識繪本的小動物，孩子可能會覺得自己的狀況跟某個小動物一樣時覺得有趣，或是可以分享一點文本的內容，跟孩子對話，幫孩子做準備，但不用勉強孩子。

知識地基

（一）、什麼是幼兒發展？

孩子一出生就有屬於他獨一無二的專屬密碼——「基因」，基因決定孩子成長的順序與氣質，但是孩子的大腦、大肢體動作、小肢體動作、認知能力、性生理、性心理與其他心理特質會隨著年齡產生持續性的成長，像是俗語說的「一視二聽三抬頭，四握五抓六翻身，七坐八爬九發牙，十捏周歲獨站穩」，正說明了幼兒發展的順序。雖然每個寶寶的身心發展速度存在個別差異，但發展順序大致相同。

（二）、什麼是幼兒性發展？

性發展階段是持續一生都在進行，分成性生理發展與性心理發展。出生後，嬰兒開始藉由身體的撫觸、擁抱的觸覺刺激，藉由皮膚被撫觸的經驗感受到愉悅，這是性生理發展的部分；此時，性心理也持續發展，嬰兒藉由身體的撫觸、擁抱與主要照顧者的眼神注視（視覺刺激）、哄嬰兒睡覺的安眠曲與安撫情緒的輕柔聲音（聽覺刺激），在親子互動中，嬰兒感受到被愛、安全感，這也是依附關係的重要起始。

性生理發展部分，孩子吸吮的口腔期，把所有物品都放入嘴巴認識世界，到如廁訓練，練習控制身體膀胱肌肉的感受對自己身體掌控感，或是探索時，觸碰自己外生殖器官，感受到愉悅或舒服的感受，這些都是孩子成長中，性生理發展的一部分，漸漸到青春期，男生出現夢遺現象，女生月經來潮，身體從兒童階段轉換成人具有生育能力的階段，都屬於性生理發展的一環。

此外，親子關係互動中的感受，對孩子的性心理發展有至關重要的影響。例如：當嬰兒感受到焦慮、害怕時，照顧者給予擁抱安撫的回應，或是當尿布濕、脹氣等身體不舒服時，適切回應孩子需求，讓孩子與家長的依附關係中，感受被愛與安全感的安全依附，這些都會影響孩子的性心理發展。

幼兒在二至三歲，會開始知道自己的生理性別是男女生，知道有性別差異，也開始學習不同性別的差異性；在性別差異部分，家長的教養態度也會影響孩子的性心理發展，像是「性別角色」的學習，小男生就只買機器人、車子玩具給他，如果他喜歡玩芭比娃娃呢？小女生就挑選粉色系、蕾絲衣服與裙子，打扮成公主，但如果她只想當騎士，喜歡穿褲子呢？我們若以性別刻板認定男生或女生就該玩什麼或穿什麼，那麼，孩子可能會在探索時，可能會感到混淆或被否定的感受，這些也會影響到孩子的性別發展。

此外，三歲以前，孩子在探索身體中，因著觸碰到生殖器官而感受舒服，到特定觸碰生殖器進行自我刺激（自慰）時，感受舒服也是

自然的，若此時家長看到孩子摸生殖器官，就大罵：「不可以碰，很髒。」孩子可能因為被罵，而選擇不在你面前觸碰。而當變成私下觸碰，很可能會邊自我刺激，邊累積羞愧感，這些也都會影響孩子的性心理發展。

幼兒自然會有性好奇、性探索、性語言，和性嬉戲，而在成長中，會自然地出現與消退，例如：

● **性好奇**：我從哪裡來？為什麼男生女生尿尿地方不一樣？……等。

● **性探索**：好奇自己或他人的身體的各個部位，例如：摸自己的陰莖、小男生洗澡時發現尿尿的地方會變大（勃起現象）……等。

● **性語言**：講「大便」、「屁股」、「小雞雞」……等，覺得好玩有趣。

● **性嬉戲**：醫生遊戲、露外生殖器、玩尿尿等。

家長需要準備的是，當幼兒出現相關的性好奇、性探索、性語言和性嬉戲時，如何以依附關係為主體方式回應並進行性教育。

(三)、成為學習型家長，裝備與孩子談性的能力

若你了解孩子的性發展是正常，也想要教導孩子性教育時，你就會面臨下述這些挑戰：幼兒性教育要教什麼？孩子出現性探索的行為時，要禁止，還是接受？若要陪他度過這些發展議題，要怎麼回應？因為孩子目前人際能力還不足，家長要如何教導、示範人際界線？身體界線？

家長要突破此困境，需要調整思維角度，轉變成學習型家長。你可以透過聆聽演講、閱讀與參加家長支持團體、或使用親職性諮詢／商，讓自己充分被支撐，協助自己準備好相關性知識、談性的態度，當一個準備好跟孩子談性的父母，先裝備自己的能力，協助孩子度過成長中的性困擾。並且，陪伴孩子享受性發展，一起面對成長中的性困惑。

㈣、幼兒性教育最重要的態度？

親子日常互動就是進行性教育最自然的場域，家長用輕鬆自在的態度與孩子談性，回應幼兒的性好奇與身體探索，就是性教育最重要的態度。回答的語詞要依據孩子的年紀、發展階段、對字彙的了解，以及孩子目前所具備的知識，作為回答的依據。另外，回答時也需要考量自己的價值觀，與對該題目感到自在的程度，並使用正確的語詞，誠實回答。當然，也可以運用繪本，透過親子共讀的方式，來幫助孩子了解答案。

當孩子的提問超過家長可以回應的，家長也可以示範求助的方式，這主要的目的，是要創造一個什麼事情都可以談的親子對話空間。傳遞給孩子的是「關係的連結」，在關係中，愛是可以透過日常對話自然流動的，包含：

● 我願意傾聽你的感受。

● 你的各種感覺，我都願意理解並回應。

● 知之為知之，不知為不知，我願意跟你一起找答案。

即便你還不知道該如何跟孩子談性，但親子關係溝通管道若暢通，孩子願意跟你求助，你就可以陪孩子一起找資源，一起想方法。「一起面對」的歷程，更是性教育最美的力量，讓孩子知道他不是一個人。

㈤、父母跟孩子談性所需要的能力？

當你願意跟孩子談性，家長本身所需要準備哪些能力？其中，包含五大類別：依附能力、情緒能力、人際能力、知識及資源使用、人生哲學觀。而談性的五個能力指標，如下：這些能力指標會分別在五本繪本中，將常見的情境與清楚的例子說明，其中一本《小寶寶出生的秘密》是知識小百科書，會搭配相關小知識幫助讀者有更清楚的知識架構，當你可以運用這五本繪本時，就能夠同時建構以下五種能力：

❶ 依附能力：親子關係中自在表達愛，讓孩子在「親子互動中

感受到愛與被愛」的正向情感連結。而這也是性教育最重要的基石，孩子在親子關係中表達自己感受與想法時，感受到大人會好好回應。

❷ 情緒能力：家長可以覺察情緒，表達情緒與安頓調解自己的情緒，可以建立人我的情緒界線。例如：面對孩子對自己或他人身體的好奇及碰觸，會被引發各種情緒，家長練習先安頓情緒後，才可以做到自在跟孩子談性。

❸ 人際能力：關係中家長傾聽孩子的心情與感受，並可以表達自己的感受與想法，與回應孩子提問，以及在各情境中示範設限的人際回應能力。

能力類別	說明	指標能力
依附能力	表達愛，傳遞「親子關係中的愛與被愛」。	❶創造輕鬆談性的氣氛 ❷用遊戲建立親密連結 ❸身體接觸能促發催產素，幫助身體放鬆
情緒能力	可以覺察情緒，表達情緒與安頓調解自己的情緒，可以建立人我的情緒界線。	❶感受與承接自己的情緒 ❷感受與承接孩子的情緒 ❸允許孩子表達自己的情緒 ❹協助孩子分出自己與他人的情緒
人際能力	關係中可以傾聽孩子、表達自己感受與想法、回應孩子提問，以及在各情境中示範設限的人際回應能力。	❶回應孩子在性發展中的好奇探索 ❷如實反映真實感受與想法 ❸在人我之間設定界線
知識及資源使用	零到六歲相關的性發展知識，以及找尋相關資源的能力。	❶正確命名性器官 ❷性生理與性心理知識 ❸找繪本或是相關書籍 ❹求助伴侶、親友 ❺參加家長支持團體 ❻找專業機構和專業人士
哲學觀	教孩子性教育時，有焦慮產生是正常的，透過情緒紓解與知識的補充和媒材的運用，經過鍛鍊成為有能力的家長，並在過程中持續開放學習。	❶性是可以談的 ❷性好奇不會因為壓抑而消失 ❸性是我們一生都在學習的事情 ❹去除性別刻板印象 ❺身體都有獨一無二的美

❹ **知識及資源使用**：家長需要知道零到六歲相關的性發展知識，並協助孩子了解，讓孩子在成長中不會因為缺乏正確的性知識而受傷。在孩子各式各樣有關性的問題上，當家長不知道會如何反應時，會主動尋找資源。

❺ **哲學觀**：教孩子性教育時，有焦慮產生是正常的，透過情緒紓解與知識的補充和媒材的運用，經過鍛鍊成為有能力的家長，並在過程中持續開放學習，讓孩子感受到在家裡是可以談性的。並藉由能力的增長，整合出屬於你的性教育哲學觀。

(六)、在日常性教育中建構孩子成長所需的能力

當家長可以在與孩子的日常對話中，使用這些能力，也能夠建構孩子擁有相對應的能力。舉例來說，孩子在成長中可以自然感受到自己是被愛著的依附能力；而當孩子遇到困難時，相信大人一定會幫助自己，會向大人求助，這就是運用資源的能力；了解男生跟女生在生理上的差異的性知識；有能力在互動中覺察情緒的情緒力；在關係中為自己表達情緒和人際互動觸碰上學習說「YES」與說「NO」的人際能力；以及在成長中，感受到性是可以

談的家庭氛圍。

教養上，家長都希望可以幫助孩子學習尊重自己與他人，這部分也是從日常生活中，幫助孩子建構進去的能力，當孩子說「NO」時，可以被大人理解並用行為支持孩子表達尊重，漸漸的，孩子在關係中可以做出尊重「自己」與「別人」的感受與行為。亦即，最好的性教育現場，就是家長與孩子的日常對話，這些日常對話會在生命中一次次、一步步建構著孩子的覺察感受、表達、拒絕、控制與求助的能力。

導讀

洗澡的生活任務，是孩子的歡樂泉源，也是能力的鍛鍊契機

洗澡，是親子互動日常裡，幾乎每天都會需要進行的生活任務之一。而生活，其實就是由許多生活任務接續而成的。在這些生活任務之中，不僅豐富了生活的趣味，也幫助家長們與孩子能從中加以鍛鍊不同的能力。

想像一下，你們家在洗澡之前，通常是在做什麼呢？繪本書中所場景的安排是，當媽媽喚著：「洗澡囉！」的時候，阿光跟小芸正在玩玩具。

由於幼兒階段的孩子，很多時間都投入在遊戲中，因此，要孩子離開遊戲好玩的當下，轉換心情與狀態去洗澡，有時，家長會遇到孩子不想洗澡的狀況，甚至跑出許多不舒服或生氣的情緒，令許多家長感到頭疼與困擾。

從幼兒的生活經驗中，探尋孩子願意合作的路徑

有些幼兒研究提到：「當父母越能加入孩子的遊戲世界，他們越能表現出合作。」這個概念，可以將其拓展為：「當父母能經驗孩子的經驗，就可以找到提升動機的路徑，孩子就越能合作。」

而孩子的動機，跟孩子對此生活任務的先前經驗及天生氣質的因素有所關聯。就「氣質」的部分而言，呈現每個孩子多元的個別差異，有的孩子對於生活場景的切換，需要一些時間適應，有的孩子則反應迅速，可以立即轉換。除了氣質之外，孩子的動機也跟洗澡的先前「經驗」有所關係，有的孩子因為喜歡玩水或玩肥皂泡泡而十分喜歡洗澡，而有的孩子則特別在意洗澡的泡泡接觸到眼睛的不適感，因而不喜歡洗澡。例如：當媽媽提出要進行洗澡的生活任務時，兩個孩子的反應不太一樣，阿光馬上起身說要去玩泡泡澡，而小芸雖然也說了：「等我，我也要去。」不過，手還在持續堆積木，尚未停下手邊的遊戲。

藉由繪本小動物的多元反應，
讓「不舒服」可以有機會被對話

繪本第一頁圖中右側的小動物們，聽到「洗澡囉！」時所出現的不同反應，就是動物們自己本身的各種天生氣質所產生的。家長們是否有發現，每種動物反應的背後可能隱含什麼原因嗎？家長們可以利用這些動物們不同的反應，與孩子討論看看：每種動物「在意些什麼呢？」、「是什麼讓牠喜歡／不喜歡洗澡？」、「這動物在想什麼，所以說出這句話？」

「提高動機」與「降低門檻」，
是尋找孩子合作路徑的兩大方向

找尋與孩子的合作路徑時，可以朝提高動機，或是降低門檻，兩個方向思考。提高孩子的合作動機，提供誘因是一種方式，例如，當孩子不想洗澡時，爸媽說：「玩水很好玩喔！你看，有很多泡泡喔！」透過「增加趣味」來提高孩子願意洗澡動機，是一種常見的方式。此外，另一個方向的思考就是降低孩子不願意洗澡的門檻，這也是提高動機的方式。舉例來說，如果孩子像是書中的小刺蝟一樣，不喜歡眼睛碰到泡泡，那就可以跟孩子一起討論，有什麼方式可以讓不適感降低，而這樣一來，一方面可以提升孩子的合作動機，另一方面，也能在日常中鍛鍊孩子，與情緒共處的能力。

先照顧自己的情緒，
才能夠好好回應孩子

洗澡的第一個動作，就是必須要脫掉身上的衣物，而依照能力與發展的不同，有些孩子可以自己完成脫衣服的動作，有些則會需要大人幫忙。另外，洗澡雖是一個日常任務，但是對孩子來說，亦是遊戲場，因此，孩子對世界與身體的各種「好奇」、「探索」與「嘗試」，也會五花八門地出現在脫衣的場景，其中，繪本中的小動物們的回應，就生動地反應出孩子可能的想法、感受或行為，例如：「我要穿衣服洗澡」、「我最會脫衣服了！」以及「一定要脫衣服嗎？」等等。

孩子的行為中，總是會天馬行空地使出各種花招，有時家長會覺得有趣，有時會感到疲憊，有時甚至會覺

得孩子根本在找自己麻煩。當家長們自己出現負向感受時，記得先照顧自己的情緒再來回應孩子。例如：當孩子說：「我要穿衣服洗澡」時，可以與孩子一起討論可能會遇到的各種狀況與感受，舉例來說，穿衣服洗澡有趣的地方像是：「溼溼衣服後，再抹上肥皂，好像把衣服也一起洗乾淨了」；或是這樣做，可能會遇到的挑戰及困難：「衣服溼溼的時候，黏在身體會重重的，而且會不好脫下，容易卡住身體。」

親子性教育，不僅是協助孩子找到解決方案，更重要的是，親子「一起」的感覺，這有助於孩子形成「原來遇到困難，我們可以一起面對」的共同感，而這就是「依附」的情感連結。

性教育有一個很重要的部分是教導孩子「隱私權」與「身體界線」的概念，隨著孩子成長，很多家長會出現這個困惑：「幾歲開始，不適合跟孩子一起洗澡？」擔心隨著孩子長大，仍持續與大人一起共浴，會影響孩子身體界線的學習？

尊重每個家不同的習慣，
重視每個人不同的感受

有些家長因親子共浴的時光，創造很多親子間親密互動；有些家長覺得跟孩子一起洗澡很奇怪，而沒有親子共浴的習慣或是經驗。不管是否有親子共浴，每個家庭有自己的習慣。這些，都是自然的現象，因為性教育最重要的就是「尊重自己的感受」，所以，不管孩子幾歲，是否要親子共浴，取決於孩子或是家長的感受，因為彼此在關係中，性教育所重視的是，每個人的感受都很重要，不管是家長或是小孩，當有人感受與想法有所不同時，就需要透過性溝通，重新討論

人際界線，或是調整洗澡方式的時機，因爲，日常親子互動就是性教育最重要的現場。

正在閱讀的你，可能沒有跟孩子一起洗澡的習慣，抑或是你可以跟孩子一起洗澡，但是伴侶加入時，會感到不自在，無論如何，只需要覺察並尊重自己的感受後，採取適合自己的行動即可，繪本示範全家人一起親子共浴的畫面，並非就是最好的方法。在性教育上，並沒有所謂單一、絕對且標準的答案。

「自在」與「界線」，歸本於自己的感受，並在關係中鍛鍊而成

本繪本設定爸爸、媽媽、阿光和小芸一家人一起洗澡，除了因性別因素的考量，希望大人與小孩的男女性別都可以在繪本中一起呈現，幫助各位家長在進行性教育時，有圖像可以進行說明。不過，最重要的前提是，就目前狀況所言，一家四口親子共浴，對彼此而言都是自在且愉快的互動時光，當中並沒有人感受到怪怪、尷尬或是不舒服。一旦有任何人感到不自在或不舒服，就必須要回到「關係」中，進行調整與溝通，找到彼此都能感到自在的互動方式。

身體構造不同所產生的排尿方式差異，自然會引起孩子們的好奇心

這一頁反映了幼兒對他人身體的好奇，因著性器官構造不同，大人會教男生可以坐著或是站著尿尿，女生被告知不能站著尿尿，只能要蹲著或是坐著尿尿，即便小女生有時可以稍稍停止自己的好奇，但內心還是會十分好奇為什麼自己不可以站著尿尿？因此，可能會像繪本中所呈現的畫面，小芸在阿光

站著尿尿時，湊過去看哥哥站著尿尿的樣子，或甚至是自己想要嘗試站著尿尿的感覺。

此外，藉由左邊一群小動物，反映出因著生理構造，每個動物都有自己獨特的排泄方式，這些畫面的呈現，除了增加童趣之外，也能幫助孩子了解，動物生理構造不同，如廁方式也會有所差異，藉以拓展孩子對動物如廁方式的好奇心，並從中增進對自我的理解。

孩子對自己與他人的身體好奇是性發展中自然的現象

孩子在日常生活裡，在每天洗澡的浴室場景中，很自然面對他人的身體，自然會有所好奇，包含不同的性別，或是對於大人與小孩的身體差異皆可能保有好奇，這是一個在學齡前很常見的情況。孩子因著身體的發展，會透過行動展現他們的好奇心，因此，很可能會經常引發手足或同儕之間的衝突，而也因著語言的表達能力的發展，倘若孩子過去並沒有被高度的禁止或壓抑，經常會很自然的以語言來表達自身感受，或甚至有些孩子可能會透過行動的展現，來表達不舒服的感受。

所以，本繪本中的阿光，我們設定孩子是可以清晰地說出自己的需求，說出不要小芸看著自己尿尿，請媽媽叫小芸走開。

此時，家長可以自我評估，繪本中阿光對於妹妹的拒絕方式，身為家長的你，有何感受？可能是對於妹妹不要這麼兇而感到生氣，還是對於妹妹想要看哥哥的行為，感到不妥而覺得焦慮等。

擔任孩子暫時的前額葉，安撫孩子的情緒警報器

就孩子的大腦發展而言，當孩子感到不舒服時，因為情緒警報器的杏仁核相對成熟，而大腦前額葉功能還在發展當中，所以，會大聲說話或吼叫，這些都是正常的現象。此時，當阿光在感到不舒服，所以比較激動地提出需求時，大人則成為孩子的暫時前額葉，幫助孩子安頓情緒。繪本中，由媽媽幫助小芸停下來該行為，而由爸爸安頓阿光的情緒。日常生活中，家長可以稍微分工，以合作的方式，共同創造與孩子的連結，減輕教養上的負擔。

繪本中，協助家長建構以簡單的複述：「你不喜歡小芸看你尿尿」，幫助孩子描述心情或需求，藉此同理孩子。倘若家長在日常生活中，還有足夠的時間，亦可以詢問孩子被看的時候是什麼感受？可能是不舒服，可能是不自在，透過對話的歷程，幫助孩子標示感受，建構孩子練習以清晰的語言來表達個人的感受。

而繪本中，亦幫助家長建構能力，理解如何支撐孩子的感受。身為大人，可能是用身體連結的方式，如圖，媽媽藉由與小芸面對面，溫和地視線，以及雙手環抱的方式，以調節孩子的杏仁核，將生氣的情緒調節下來。或是，像是爸爸彎腰輕拍阿光的身體，描述孩子的心理狀態，孩子覺得爸爸懂他，情緒上自然也能被調節。

善用肢體的溫柔接觸，同理並調節孩子的感受

繪本的描述，幫助家長建構適當的語言，協助孩子停下來，以「你很好奇阿光尿尿，但阿光不喜歡喔！當別人不喜歡的時候，就要請你停下來。」以繪本所呈現的內容而言，家長除了一邊以「語言」再次幫助小芸說出其需求與好奇，以同理孩子的心情，但一邊仍持守著「好奇但不能讓人不舒服」的界線，以溫柔堅定的方式，抱起小芸，以「行動化」的方式幫助孩子停下來，或透過身體的接觸或擁抱，藉以同時調節小芸的感受。

此外，若時機適當，進一步可以拓展相關的性發展

知識，包含：幫孩子了解男生女生身體構造不同。孩子會好奇不同性別的如廁方式是非常正常的，家長能有能力協助孩子表達。因此，家長可以「溫柔而堅定」地協助孩子設定自我的人際界線，以及學習尊重他人的人際界線。身體構造不同，如廁方式就會不同。如果孩子有疑問或好奇時，家長可以協助孩子了解，因著性別的身體構造不同，男女上廁所方式也會有差異，如廁方式也可以有不同嘗試，讓孩子有機會去認識了解自己的身體。

透過「同理」的對話理解孩子的內在狀態，是親子依附連結的展現

此頁當中，繪本示範了其中一個對話的可能，媽媽嘗試理解小芸的內在狀態，因此詢問：「你想跟阿光一樣？」透過這段對話，繪本呈現了孩子因著好奇探索的經驗，進而想要模仿的行為，而手足之間，互相學習模仿，也是常見的事。當小芸說：「我也要站著尿尿」時，是孩子自然會想要嘗試沒有經驗過的行為，同時，也是傳達一種「我想要和你一樣」的歸屬感受。

確實，在浴室內洗澡的情境中，這是十分常見的現象，孩子想要嘗試不同的尿尿方式，感覺身體的控制感，並在當中運用感受身體的奧妙，如控制尿尿的角度等，從中得到對於身體的掌控感。

支撐孩子的感受能創造同理與放鬆的氛圍，讓孩子更自在地探索

然而，大人可以支撐孩子的好奇探索，但前提是必須在有界線的情況下。如果孩子能夠從大人的支撐中經驗到「我的感受大人可以理解」時，孩子可以

在當中得到放鬆，也不會感覺好像是做錯事般的緊張。此時，在大人的協助下，學習人際界線的能力，並感受到大人並不會因著我的行為，而在彼此的關係中產生斷裂。此外，也能讓孩子理解到，對於身體的好奇探索是健康自然的，而身體所引發的感覺，也是身而為人所自然擁有的。

此外，旁邊的小動物，自然也可以成為親子間話題的媒材，包含，每隻小動物對於小芸的想法或是對於媽媽的反應等，藉由小動物創造出來的同理空間，可以讓孩子天馬行空地說出任何可能性，因而在過程中，得以協助孩子建構情緒辨識以及情緒調節的能力。

無論是否讓孩子「嘗試」其心中的好奇，親子間都要有所準備與足夠討論

此場景中，繪本中的媽媽，選擇讓孩子試試看站著尿尿，而孩子也知道這是因為在洗澡的過程，用水沖掉即可。關於此嘗試，家長們可以與孩子討論過程中的感受。當然，身為家長的你，可以評估自己的狀態，以選擇是否讓孩子嘗試。倘若，如果你是選擇不讓孩子站著尿尿，那麼，藉由本書，也可以成為不同對話的可能，讓孩子有機會可以說出心中的好奇。

另外，如果在戶外或公共場所，女孩也想要嘗試站著尿尿時，家長可能覺得會弄溼褲子，也會弄溼地板，於是可能選擇不會讓孩子嘗試，但是，家長仍舊可以成為有能力的家長，並「回應孩子好奇探索的想望」。例如，「媽媽知道你想要試試看跟哥哥一樣站著尿，我們可以回家洗澡時試著，現在會弄溼大腿與別人家的廁所地板喔！」如此一來，家長不僅能做到支撐著孩子的好奇探索，同時能夠設下清楚的

界線，並創造與孩子的連結。

而即便是在浴室的空間，也不見得每個孩子都可以接受尿尿流過大腿的感覺。因此，家長只是創造一個空間，以不影響他人且大人也可以相對安在的情況下，讓孩子可以嘗試經驗自己所想要經驗的。理解這是一種好奇探索的過程，那麼，可以說，孩子在當中學習到的是：「好奇探索是自然的」，不需要失去好奇的動力，而是能知道如何在有部分限定之下，亦可以持續經驗自己、感受自己。

此外，繪本中的小動物，呈現的是孩子可能的各種樣貌，可能有些人會覺得尿液流下大腿感到噁心，有人則可能覺得好玩，或是本身新的經驗就能為自己帶來了興奮的感受等。藉由小動物的呈現，讓家長更理解孩子的不同樣貌，以增加家長們對於孩子行為的涵容能力，不再因著孩子的行為而感到奇怪或生氣。而進一步，也可透過小動物的幫忙，引發親子之間的對話，讓彼此說出在經驗中的感受與想法。

好奇探索與界線拿捏的平衡——善用「日常」陪伴孩子從中鍛鍊多元能力

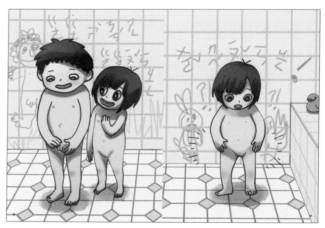

這張圖牆壁上有注音塗鴉「我沒有陰莖」，反應了小芸觀察到自己與哥哥的身體外觀不同，這是幼兒常見的反應。繪本呈現的是三歲孩子的發展程度，孩子在此時對於身體的外顯特徵，很簡單與直觀的思考「有」與「沒有」，以表達出她所理解及觀察到的世界。

而幼兒直覺地思考，是中性的描述她觀察到的世界。

幼兒的自我感，首先會來自於他人的反應，因此，當幼兒的直覺觀察可以先被大人支持與肯定，幼兒能

從大人的回應中感覺到安全感。繪本套書推薦人鄭婉琪對幼兒認知發展的看法是幼兒在此歷程中帶著安全感慢慢地「建構-解構-再建構」漸次擴大對世界的認識。此時,順著幼兒的發展與不同孩子的特質,有的孩子會被事物的原理所吸引、有的孩子在意情緒與感受,因此,家長如果能觀察與辨識出孩子是如何觀察、建構、反思他所經驗到的世界,會更可以事半功倍地引導孩子。我們就可以繼續帶著孩子認識不同性別的身體各自有什麼獨特之處。

繪本此頁呈現的是在浴室的場景,在親子洗澡的日常中,「共浴」常常是家長們討論的話題,基本上,選擇共浴與否,可以以大人本身的感受為主,藉由自己自在且舒服的方式陪伴孩子沐浴,可以為孩子示範尊重自己感受的重要性,所以,家長們可能是穿著衣服,也可能是穿著內衣褲。沒有好壞與對錯,照顧自己的感受絕對是性教育最重要的一環!

所以,若家中有不同性別手足的孩子,而且你們家選擇一起共浴,那麼此繪本的畫面很可能是經常會出現的情形。有些孩子也會在洗澡時,會好奇探索自己的生殖器官,這是學齡前的孩子經常出現的。

那麼,倘若您是選擇不共浴,可以透過繪本陪伴孩子從中認識不同性別的身體,包含認識男女生殖器官的差異等等,將身體相關的知識結合有趣的圖畫,並透過此繪本描繪的場景,生動地將日常生活中的經驗,轉化為可以與孩子談性的媒材。

支撐孩子的性嬉戲,
性教育也可以很輕鬆自在

孩子在日常中有諸多好奇,用會各種方式來滿足其好奇心,當中,最常見的就是用「遊戲」的方式滿足好奇心。當孩子發現男生、女生在生理構造上有不一樣時,妹妹會想要探索、想像如果自己跟哥哥一樣有陰莖時,會是什麼感覺?就像幼兒不管男生或是女生,看到媽媽化妝、穿胸罩或穿高跟鞋,也會想要穿戴一下,嘗試一下那是什麼感受,這往往是孩子在認識身體感受與世界時,一個很自然的方式。所以在第9頁中,我們就設計讓小芸、阿光把浴室中常見物品變成孩子性嬉戲的媒材,小芸把玩具鴨子當作陰莖、小光則是把泡泡放在胸部位置想像自己有女性大人的乳房。

若您的孩子也對身體、性器官感到好奇,可能也會好奇如果自己是女生／男生會是什麼感受?也可能想像過繪本出現的場景,孩子可以把想像語言化、把想像及探索的影像具象化之外,也讓家長有一個機會回應孩子對於身體的好奇,藉由親子共讀的過程中,家長與孩子一起經驗到自在談性的氛圍,也在此氣氛下,讓孩子的性嬉戲、性好奇可以好好被家長支撐與回應。

透過「身體界線」的親子對話,
鍛鍊孩子的人際能力

繪本中,在一旁的小動物們,也各自用不同的方式,好奇自己的性器官,透過動物不同的表情與反應,讓孩子能從中感受到,對身體會有好奇是很自然的,以及,若在好奇當下,有各種感受及想法跑出來時,這也是自然的,例如:刺蝟說:「我的很小,看不到。」而孔雀說:「我的什麼都沒有。」這樣的回應,也反映孩子從他的角度往下看時,看不到自己的性器官,或是看起來感覺很小,這也可能是孩子會有的感受。

進一步,大人也可以透過對話,引發有關於「人際界線」的討論,像是:「如果有人把某物品放在你的尿尿地方當作陰莖,你的感覺是什麼?」孩子可以覺得「好玩、有趣。」或是「不好玩,不喜歡。」接著,再進一步詢問孩子的想法,家長可以好奇地問:「你覺得哪裡好玩啊!」或是「你不喜歡的原因是?」透過這樣一來一往的討論之下,協助孩子練習感受情緒與表達想法。此外,家長們也可以更進一步跟孩子討

論：「如果不喜歡的時候，會用什麼方式跟對方說？」相反的，有時候，孩子可能玩著玩著，從自己身上探索到別人身上，像是把玩具放在別人身上當作乳房的遊戲，此時，大人在一旁，也需要協助孩子去理解別人的感受，當別人感覺不喜歡，就是要停下來。而這樣的討論，即是協助孩子練習「人際能力。」

寓教於樂的親子時光——將遊戲的概念融入「身體清潔」的能力養成

幼兒性教育中，有一個很重要的能力是教育孩子學會身體清潔，因此，繪本也把此能力納入在第10頁。對幼兒來說，用一個順序或是順口溜的方式，說明清潔步驟與方式，除了能增添洗澡的樂趣，也幫助孩子在洗澡的時候，能更快速記憶清潔的順序，例如：「沖水囉！⇨洗脖子、頭抬高⇨雙手洗高高、腋下沖乾淨⇨腳腳開開、胯下搓搓⇨大腿、小腿沖沖水⇨前面洗陰部／陰莖、後面洗屁股⇨身體沖一沖。」家長也可能需要協助孩子清潔生殖器官，減少感染的可能，包含，「陰部和大腿的縫縫（也可稱腹股溝、鼠蹊）搓洗一下」、「撥開大小陰唇之間的縫隙，沖洗一下」、「陰囊褶皺以及陰囊下容易有汙垢也要洗乾淨喔」、「沖洗陰莖的時候，輕輕把包皮往後推，沖洗龜頭。」、「擦身體的時候，也把龜頭附近的水分擦乾，擦完，再把包皮推回去喔！」等，讓孩子在日常的沐浴中，更認識自己的身體。此外，繪本裡小動物一起洗澡的畫面，也因各個動物的動作及表情，增添一份童趣。

其中，阿光是自己洗澡，小芸則是媽媽協助清潔身體，若您的孩子目前還需要家長協助清潔，大人也可

以在此預告孩子，你現在正在教孩子清潔身體的能力，未來會希望孩子練習自己洗澡，就像繪本裡的阿光或是貓咪一樣，都是自己清潔身體。另外，也可以詢問孩子自己準備什麼時候自己洗澡。讓孩子能夠有所預備，並擁有適當自我決定的經驗，也是幫助孩子建立自我感與控制感的重要方式。

藉由「浴室對話」的日常教導正確性器官名稱，創造輕鬆且能自在談性的氛圍

洗澡過程，說出身體各個部位的名稱，一方面是幫助孩子認識身體，一方面，也讓家長孩子可以更自在與孩子用性語言談論。倘若家長們此時仍無法自在可以說出「陰莖」、「陰部」的語詞，可以先用自己目前較為自在熟悉的語言代入，像是「小鳥鳥」、「小雞雞」、「小妹妹」或「尿尿的地方」皆可。但是，建議家長們可以練習幫自己準備，使用正確的生理詞彙對孩子進行性教育，這樣一來，在親子關係的性教育日常之中，能夠有機會幫助孩子理解與感受到：和父母是可以談性的，而且談性過程是輕鬆自在的。

人們所習慣稱呼性器官的名稱存在著差異，但沒有所謂對錯的差別

有家長會擔心，倘若我們很自在跟孩子用「陰莖」、「陰部」表達生殖器官，但是學校或是外面社會，還是很隱晦地使用「鳥鳥」來說明，這樣一來，當孩子去學校說出「陰莖」兩個字時，會不會被嘲笑？會不會很奇怪？這部分，我們可以相信孩子的能力，他會選擇在環境中，以他自在的方式說話，像是，有些家庭在家說國語，但是到阿公、阿嬤家是說台語，孩子在兩個環境間能夠自在切換自己的語言。舉例來說：如果一個四歲男生，從小洗澡或是家裡的大人都是用陰莖來表達生殖器官，但是到學校時，他發現老師和同學都用小鳥鳥表達，時間久了之後，孩子在家時，也是選擇用鳥鳥來表達外生殖器官，此刻，大人可以做的是，支撐孩子的選擇，回應如下：「我有注意到，過去在家裡你跟我說『陰莖』，現在你都會說『鳥鳥』，沒關係，你可以決定想要怎麼說。」

性知識量會因著發展的堆疊逐漸豐厚，性好奇會隨著發展的過程自然拓展

除了對生殖器官好奇以外，幼兒對於身體的很多部分也都會感到好奇，像是觀察到大人的身體有自己所沒有的部分，如：腋毛、陰毛、腿毛或手毛時，也會很自然在關係中詢問。因此，繪本也幫家長準備且呈現這部分的重點，可以一併回應孩子可能的身體好奇，舉例來說，當小芸詢問媽媽：「媽媽，妳這裡為什麼有毛？」時，媽媽回答：「這是陰毛，妳長大就會有了。」這時，孩子也會很自然去觀察其他的大人（爸爸），因而會發現：「爸爸也有耶！」種種的性知識與性好奇，會隨著自然探索與發現的歷程中，逐步堆疊且拓展，這是性教育很重要的核心概念。

孩子因著討論的過程，在發展上，大腦也會整合自己的經驗並歸類，加上過往的經驗與知識量，能夠有更清楚的理解。像是哥哥阿光在一旁，可以很自然地說出：「我跟爸爸是男生，我們的是陰莖；媽媽跟妹妹是女生，是陰部。」家長們會發現，孩子因著發展與知識量的堆疊，自然地會將日常的觀察、組織、類推，以及歸類。同時，妹妹小芸也會從中類推剛剛的學習：「媽媽是大人，是大胸部。我是小孩，是小胸部。」

本頁的最後，爸爸再一次連結哥哥與妹妹的說話方式，對孩子說：「你們是小手手、我是大手手。」並用遊戲——「我可以把你們抱起來」，來創造親子之間輕鬆愉快的連結，讓日常性教育，除了知識的傳遞外，更回到性教育最重要的核心基礎：關係中的依附連結。

培養多元性別意識——衣服的選擇沒有性別限定，只有喜好差異

本頁的內容，希望可以在穿衣服的場景中，讓家長與孩子可以進行「用遊戲創造連結」的遊戲。舉例來說，在共讀中，可以問孩子，幫故事主角挑選一下上面的衣服或是小動物身上的衣服，家長可以與孩子天馬行空的想像哥哥穿上挑選衣服的樣子。另一方面，想要從中帶入多元的元素，其實，衣服沒有性別限定，只有喜好的差異，因此，家長可以藉由討論的過程，拓展孩子的性別意識，例如：當討論到阿光哥哥穿上裙子時，孩子說：「裙子是女生穿的。」此時，家長可以舉例分享，幫助孩子拓展知識，如：「像在蘇格蘭，男生不管是貴族或是百姓，也都會穿裙子。」或「現代社會，很多男名星也會穿上裙裝。」不僅能增加孩子對於性別的相關知識，也能夠拓展孩子對這世界的想像與好奇。

用「遊戲」創造連結，落實性教育最重要的核心基礎——依附連結

除了利用「阿光」的內容，家長也可以藉由繪本相關的圖案，跟孩子討論他們想要穿上哪個服裝，可能是繪本中所出現的服裝，包含：運動風、睡衣、公主、蘇格蘭、一般服飾、外出服、裙裝、褲裝以及小動物身上的各類穿著，或是孩子自己想像的服裝，以拓展孩子對於服裝的喜好與嘗試，並能減少因為褲裝、裙裝、顏色或風格等因素，而落入性別刻板印象，每個人可以自由選擇自己喜歡的風格。

你也可以跟孩子上網尋找一些男生穿裙子或是女生穿褲子的照片，此處的性教育重點在於，能夠從知識的搜尋與討論中，認識自己喜歡的顏色、風格、材質與自在度等不同的服裝選擇要素。支持孩子了解自己的喜好，成為他自己。

啊哈！我也要生小寶寶！

導讀

成長中自然的性好奇──
「探索生命的起源」

孩子會對生命起源充滿好奇與探索，因此，孩子可能會問家長：「我從哪裡來的呀？」或「小寶寶是怎麼出生的呢？」，抑或是如同在第2頁中，小芸把小熊裝在肚子裡的遊戲的畫面所示，這都是幼兒性發展中很自然的一部分。此時，家長與孩子自然對話，就是在進行性教育，亦即，性教育最好的現場，就是日常的親子互動。

孩子在餵養遊戲之中，
感受著依附的愛

本書從孩子性發展常見的場景之一──「客廳」開始，媽媽正在摺衣服，而孩子在一旁遊戲，小芸說：「我要餵小熊喝ㄋㄟㄋㄟ！」阿光接著回應：「我幫妳泡。」從中，家長們可能會發現，幼兒很喜歡玩餵養與照顧的遊戲，像是：扮家家酒、餵玩偶吃飯或喝

牛奶等。其實，孩子把被家長照顧的好經驗玩出來，一方面重現親子互動中愛的感受；另一方面成為照顧者角色，得以享受主導遊戲的「我能感」。此外，如果小孩像繪本中的小芸一樣，想要媽媽扮演小熊的姊姊，此時，在一旁的家長只需要加入孩子的遊戲，如同繪本中媽媽的回應：「好，我是熊姊姊。」與孩子一起玩，一起感受遊戲帶來的正向情感連結，這就是依附的愛，也是依附能力的展現。

從依偎與餵養的故事分享中，
連結親子之間的愛與親密

右圖中，小動物們依偎在一起的場景，其實，無論是依偎或餵養，都是親子關係很親密的互動，因此，家長們可藉由討論不同小動物的親子互動，與孩子說說小時候的故事，像是孩子在嬰兒階段喝奶的習慣，分享大人餵養孩子的經驗、感受，甚至是孩子大一點、吃副食品時的一些小故事，一來一往間，不僅能累積堆疊著親子間親密互動，亦能讓孩子在關係中，感受到滿滿的愛與連結。

幼兒無窮的想像力，
能豐富日常生活與拓展學習

二至五歲的幼兒是充滿想像力與創造力的年紀，腦海裡總是有許多源源不絕的想像與創意萌生。舉例來說，家裡的客廳，在幼兒的世界裡，可以儼然化為海底世界與遊樂場，幻想與現實交錯，足以豐富孩子的生活，這正是孩子的日常。

「玩」出性教育——
用遊戲創造家庭中的愛與連結

繪本中，小芸與阿光正想像著肚子寶寶是「小熊」和「小馬」，此時，爸爸也參與其中，接著，小芸繼續想像著自己要生出海豚與草莓。接著，媽媽說：「你們都是我生的小豬。」而繪本右圖中，爸爸、小芸與阿光長出豬耳朵及豬鼻子的畫面，亦是繪本所傳達的概念：用遊戲創造全家人的連結、創造愛，原來，性教育可以這麼好玩啊！

藉由小動物不同的出生方式，
豐厚有關生命起源的知識

認識繪本中的小動物，總是能帶來一些性知識。因此，可以善用繪本的圖片，與孩子分享，如：「有注意到嗎？貓媽咪與松鼠媽咪懷孕的樣子，都是肚子突起，未出生的小寶寶就住在裡面。而烏龜媽媽是卵生，產下蛋後孵育變成烏龜寶寶；海豚跟人類一樣是胎生，有沒有看到牠正在生小海豚呀？」透過海豚媽媽正在生小海豚的畫面，向孩子說明人類寶寶也是如此出生到地球上。

為孩子搭鷹架——以孩子發展程度
可理解的知識量來回應孩子的提問

在一陣嘻嘻鬧鬧之後，阿光好奇地問了：「我們是怎麼從媽媽肚子裡出來的？」雖然，上一頁有海豚生小寶寶的畫面，但對不認識陰道（或稱產道）的孩子來說，還是無法想像自己到底如何從媽媽肚子裡出生。

小光的畫面中，想像著媽媽肚子開了一個門，小豬從肚子裡開門說：「Hello！」，反映著孩子總是天馬行空地想像各種可能，這個答案，或許在小芸這年紀可能會很開心地相信與接受，就像小時候聽大人說：「小寶寶是送子鳥送到家裡的。」但隨著孩子認知發展逐漸成長，不僅「送子鳥」的回答不被孩子同意和接受，孩子亦會繼續追問更進階的問題，如：「我怎麼進到媽媽肚子裡的？」甚至是再進階的：「爸爸的精子怎麼進到媽媽的肚子裡的？」

性教育是關係教育，有時候，不一定非得要回答正確性知識，最重要的是，關係中，當孩子好奇提問時，家長能與孩子有保持連結與回應，而回答的內容以「當下」孩子可以接受的答案或是適合的知識量即可。但若孩子如同繪本中的阿光，並不滿意爸爸回應的這個答案時，此時此刻，便是傳遞正確性知識的好時機。

在親子互動中自然談性，
豐厚了關係也豐富了性知識

畫面中的小動物出現各種出生的方式，若家長們有注意到的話，會發現每一頁的知識量都在慢慢堆疊增加，例如：貓咪生產畫出了羊水，以及，帶了點趣味的畫面；小狗是由青蛙協助剖腹產畫面等，除了可以減緩孩子視覺上的刺激，也讓家長可以幫助以剖腹產出生的孩子，認識自己出生的方式。此外，刺蝟說：「會不會好痛啊？！」這也讓孩子能把不安的內在感受說出來，一方面，藉由動物的感受來同理孩子可能的心情，另一方面，也讓家長有機會回答孩子可能的疑問，例如：「醫生會幫媽媽打麻醉藥，所

以不會痛喔！」

此外，家長也可以利用上頁右圖與孩子拓展更多的知識，從孩子好奇、喜歡的動物開始，例如：企鵝、恐龍、甲蟲……等，尋求關於這些動物出生的解答，以探尋生命起源的奧祕。不僅能對自然界生命起源有更完整的了解，包含：卵生、胎生外，還有卵胎生的存在，如大肚魚、孔雀魚等。

用正確與適當的語詞來回應孩子心中的提問，創造談性的自然氛圍

此頁一開始，媽媽就用正確的語詞與符合孩子發展程度的知識量來回答阿光的提問——我們是怎麼從媽媽肚子裡出來的？其回應的方式從「這是好問題」開始，先肯定孩子的提問之後，以自在認真的態度回應孩子：「小寶寶是從產道（陰道）擠出來的。」如此一來，孩子會感受到生活中是可以談性的。

談性，最重要的是尊重自己的感覺，此時你可以先幫自己覺察，用正確語詞「陰部、陰道、產道等」回應時，您的心情是緊張、焦慮還是自在呢？記得，談性需要準備，若您的焦慮還是很大，就先不要勉強自己講不想要說的話，避免傳遞談性是焦慮的成長氛圍。

用遊戲創造親子之間的連結，原來性教育如此好玩！

繪本中，阿光的性好奇，結束在他把頭鑽進媽媽肚子時告一段落。孩子會覺得好玩，親子互動用遊戲中創造連結，孩子會覺得好玩、有趣，但是孩子不會

如此就滿足。因此，本書設計小動物的提問，以滿足某些孩子各種可能的想像，同時，以小房間比喻子宮，協助孩子理解，並創意發想小寶寶在媽媽肚子裡的樣子，像是圖中小嬰兒聽得到音樂嗎？有ㄋㄟㄋㄟ喝嗎？有穿衣服嗎？有書可以看嗎？有冷氣吹嗎？等等，成為家長可以使用的媒材。

幫助孩子運用各種感官去體驗對性的好奇，在學習中感受親子間的愛

此頁，阿光展現對子宮樣貌的好奇，想像著裡面可能的樣子。當親子共讀時，家長也可以邀請孩子加入天馬行空的對話，讓孩子訴說其內心世界的想像。

先讓孩子能充分發揮無窮的想像力與創造力，之後，再加入正確的性知識回應孩子的提問，如：「充滿水的房子叫作子宮」、「裡面的水是羊水，羊水可以保護寶寶，在子宮可以感覺溫暖」。除了正確命名之外，也加入羊水的功能性，以幫助孩子建構正確的性知識，讓孩子的好奇能有「知識」作為支撐，是進行性教育的重要基礎。

依附關係為主體的性教育，重視的是親子關係的正向情感連結。如同繪本中，接下來媽咪問孩子：「你要聽看看有什麼嗎？」這樣的提問，不僅拓展視覺的觀察，也可以拓展身體其他感官的感受，像是摸摸肚子的觸覺體驗，或是將耳朵靠近媽媽肚子的聽覺體驗。因為孩子在成長的歷程中，打開各種感官有助於認識世界的多元樣貌，而家長們支持孩子用感官去探索、好奇世界大小事，這些經驗，都會一次次在孩子成長中，累加親子間愛的存款。

善用圖片介紹寶寶出生前的身體變化，能協助孩子堆疊正確性知識

繪本中描述媽媽肚子裡發出「咕嚕……咕嚕」的聲音，那是媽媽是肚子餓的聲音，此刻親子笑成一團，這正是生活的日常。從中，家長會發現，親子日常生活中，可以善用遊戲創造正向親子連結的互動，讓孩子在成長的歷程裡，每天都可以感受到被愛著。

在親子互動中持續堆疊正確的性知識，包含懷孕時程、如何形成受精卵的過程、胎兒變化等。如圖中，可以告訴孩子，「寶寶9個月（或36週）就準備從媽媽肚子裡出來囉！」以及嬰兒在母親肚子裡頭部位置的變化，介紹寶寶快要出生時，頭會朝下，準備從媽媽產道出生等，讓孩子能從中獲得更多的性知識。

示範運用資源的能力，陪伴孩子搜尋「知識小百科」來解答心中的疑問

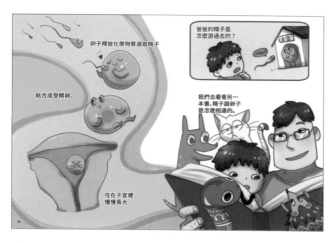

此頁繪本示範，一點一點給予孩子知識，例如，一開始，回答受精卵的形成與方式，「精子游泳找卵子，結合成受精卵，住在子宮裡慢慢長大。」以孩子的提

問與思考進展，適時可以多說一點，如：「受精卵會著床在子宮壁，子宮壁會提供需要的養分，幫助受精卵成長。」

當然，這一題滿足了孩子的好奇之後，孩子往往會浮現其他新的好奇，如同繪本中的阿光接續問了：「爸爸的精子是怎麼游過去的？」此時，爸爸示範運用使用資源的能力，找相關書籍或影音與孩子共讀、共學，不僅能解答孩子心中的好奇，同時也讓孩子從中學習「有疑惑找答案」。

挑選適合自己繪本／圖書跟孩子談性，是尊重自己的展現

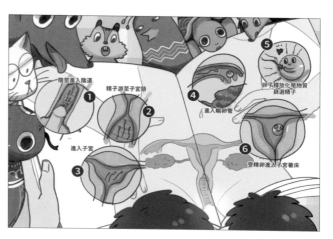

家長們在運用圖書與繪本的資源時，書本的挑選很重要，一方面是知識量，要能適合孩子的認知發展，另外，家長運用此書的「自在度」也需要納入考量。若此繪本或圖書的畫風、表達或呈現方式，讓家長感受不自在，會建議此刻先暫時不用，先安頓自己情緒，照顧自己的感受。因為，談性最重要的是尊重自己的感覺，準備好時再與孩子共讀即可，讓彼此在安全、信任與安心與自在的環境下好好談性，是尊重自己，也是尊重孩子的展現。

在閱讀中覺察與安頓情緒，就是鍛鍊性教育中的情緒力

繪本在此頁中，用局部放大與流程圖的方式進行說明，清楚傳遞精子與卵子相遇的過程。若家長們有不自在的感受，覺得陰莖進入陰道局部的畫面很衝擊，此刻，需要做的事情就是，覺察自己感受後，找尋適合自己的方法安頓。這部分，正是性教育中鍛

鍊情緒力的重點——幫助孩子有能力覺察情緒與安頓情緒。當家長能熟悉覺察及安頓自我情緒，也更能夠協助孩子在日常生活中鍛鍊自我的「情緒能力」。

善用繪本「身體地圖」與「小動物」的設計，與孩子創造輕鬆共讀經驗

家長可以直接透過繪本流程回答：「陰莖進入陰道⇨精子游到子宮頸⇨進入子宮⇨再進到輸卵管⇨與卵子相遇成為受精卵⇨子宮著床。」不過，雖然文字上標示出重點，但是因為局部圖示，孩子可能仍會感到困惑，因此，家長可以用繪本背景所設計的完整身體地圖，幫助孩子更全面性地了解子宮、輸卵管等相對位置，以及說明受精卵是如何再回到子宮著床的。

若您的孩子並非自然受精方式，或是想要拓展更多的受孕方式，例如：試管或是人工受孕，請參考小百科《小寶寶出生的秘密》。

孩子體驗「出生歷程」，在生活中學習知識

生活中，孩子可能想要體驗自己出生的經驗，會好奇自己住在媽媽肚子的感受，會想要鑽進去後再出生一次。就像有些孩子看著爸爸媽媽結婚的照片時，會生氣地問：「為什麼沒有我，你們結婚怎麼沒有帶我去？」孩子往往是在體驗與經驗中學習，孩子會想要玩玩看，也會很自然有想要回去當小寶寶的舉動或是行為。在重新經驗過程中，感受生命誕生的神奇。

藉由小動物的反應拓展情緒，讓孩子感受到自己的情緒與想法都會被傾聽理解

每個孩子都是獨特的，因此，繪本中的小動物們也反映了孩子不同的想像與反應，孩子有機會可以在小動物身上，感受到被理解，也可能藉由多種小動物的回應，協助孩子認識各種經驗的樣貌。例如，像是「孔雀」，就不想回到一顆蛋的小時候，因為不美麗啊！或是，像小松鼠扮演小寶寶。

運用遊戲與孩子同在，設限中鍛鍊能力

家長也可以嘗試運用遊戲的方式，就像文本中的媽媽：「我是八爪章魚，我可以一次把你們兩個抱起來！」兩個孩子都感受到媽媽融入他們的遊戲中，在熱鬧氣氛下傳遞著愛。

阿光與小芸都想要塞進媽媽肚子裡，這對孩子來說，或許是好玩的遊戲。可是，真實生活裡，媽媽可能覺得不好玩，覺得擠壓不舒服、擔心衣服被扯破，擔心兩個人都要塞時，會因空間不夠而吵架，希望孩子停止行為，可以直接跟孩子說：「我不喜歡，請你停下來。此時，可以在親子互動的關係中，家長覺察自我感受，並用孩子可以接受的方式表達讓孩子知悉。上述的做法，正在示範性教育中很重要的兩個能力：覺察感受的「情緒能力」以及溝通表達的「人際能力」。更具體的方法可以參考繪本《我不喜歡！停》。

運用生活媒材話家常，創造依附連結感受愛

很多家長都會有「孩子怎麼一轉眼就長大了」的感覺浮現，因此，家庭相簿（例如：臉書照片）除了幫助大人回憶孩子發展過程外，也是家長們與孩子好好說說生命發展或家庭生涯發展的好機會。

不僅如此，除了家族相簿以外，家長也可以運用多元媒材，拓展與孩子過往生活連結的方式，像是孩子的作品、小時候的衣服、玩具、機票、建築物的故事、家具、門票與植物等等，透過隨手可得的媒材運用，陪伴孩子說故事，創造依附的連結，感受親子間親密的連結與愛。

依附關係為主體的性教育，就是愛的教育

當全家人一起看家庭相簿，說說爸爸媽媽認識的經過，結婚的故事、到懷孕生寶寶過程的點滴，再到孩子出生成長中發生的點滴趣事，一方面能滿足孩子各種與父母、親友等事件有關的好奇，一方面也可以透過家長的訴說，讓孩子更深地感受到自己與家庭的連結。

看著相簿裡的照片時，家長也可以問問孩子看著相簿的感覺，也許，孩子可能來不及在那時候表達自己的意見，但是，因著年齡越來越大，孩子也可以慢慢加入自己的想法與感受，並與過去的經驗有所對話與連結。當家長說著過往發生的故事，例如：看到驗孕棒出現兩條線的喜悅、領到媽媽手冊的心情、第一次看到寶寶超音波照片的感動、挑選跳跳馬禮物的心情……等，親子親密且愉悅地聊著天的同時，孩子感受到安全、愉快、幸福，這就是依附的愛。

這一本繪本主要在講生命的起源，除了性知識的傳遞之外，透過繪本鋪成，家長可以感受到，這一本繪本有另一個很重要的主題，就是要傳遞「愛」的感受，這是以依附關係為主體的性教育非常核心的概念，以依附關係為主體的性教育，就是愛的教育。不僅如此，本書也試著和各位家長們分享一個重要的訊息：性教育最美的教學現場，其實就是親子的日常互動，家長在關係中給予孩子性知識，讓孩子得以在家長的陪伴下鍛鍊情緒能力、人際能力與運用資源能力，而學習運用不同的能力來因應每天生活，正是「教育」所蘊涵的重要意涵。

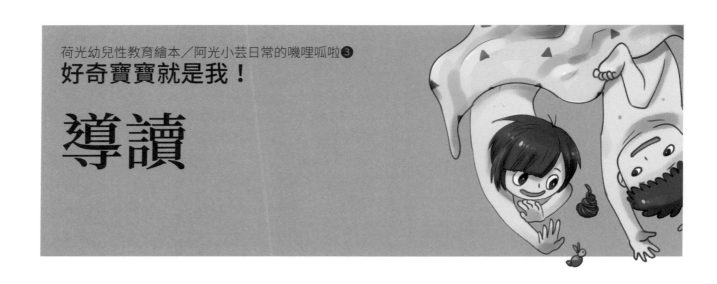

荷光幼兒性教育繪本／阿光小芸日常的嘰哩呱啦❸
好奇寶寶就是我！

導讀

洗澡是孩子認識身體與學習身體界線的日常時刻

洗澡幾乎是每天都會遇到的場景，而由於洗澡時必須全身脫光光，因此，洗澡也成了最自然與身體坦誠相見的時刻。

孩子洗完澡，身體帶著清爽的感覺，衝出浴室外，相信是許多家長們都不陌生的場景。不過，由於每個家庭對於身體開放程度不同，因此，這樣的場景也不一定會發生在每個家庭中。

從繪本來看，當洗完澡的小芸和哥哥，衝出浴室跳上床嬉鬧，媽媽在一旁喊著：「來穿衣服喔！」，此時小芸笑鬧著說：「我不要、我不要。」跑去跟哥哥玩，小芸在嬉鬧中甚至伸手拉了阿光的陰莖。

藉由身體的五感來好奇與探索，是學齡前孩子的學習及認識世界的方式

學齡前的孩子會自然對自己與他人的身體好奇，會用眼睛觀察，想要用手碰觸。他們的思考非常直觀，「想到什麼，就好奇什麼」。例如：繪本中，小芸好奇捏了阿光的陰莖。

由於，這性好奇所發生的場景是在家中，沒有他人在場，也不是公開的場合，環境隱私。因此，書中的情節並沒有設定媽媽介入的橋段，是因為理解這是孩子自然的性發展狀態。

家長或許也會觀察到自己的孩子有類似的性嬉戲，而每個孩子的反應其實大不相同，有的孩子會繼續投入遊戲、也捉弄一下對方，或者，會覺得不喜歡，有生氣或哭泣的情緒反應。

讓「穿衣服」的戰場，轉化為親子之間愛與連結的遊樂場

回到繪本的內容，對於洗完澡穿衣服這件事，或許你們家已經有固定的著衣習慣，或許你們會玩一些小遊戲，或者因著天氣的冷暖，你的緊張與放鬆狀態不同，而有不一樣的做法。然而，很重要的一點在於，無論有哪些影響因素在其中，家長們可以先回到自己當下、原先的設定，也許是，希望孩子趕緊把衣服穿起來，或者是，可以允許孩子光溜溜地玩一下，在實際的生活中，可以依自己的體力與腦力疲累的程度，決定用溫柔堅定的方式讓孩子著衣，或者選擇用遊戲的方式，把穿衣服變成一個好玩的遊戲。

關於孩子穿衣服的心情，我們可以利用下一頁所描述各種動物的心情，從中與孩子對話，相互激盪出各種穿衣的心情；同時，也讓孩子有個學習的小機會，能夠練習表達情緒。

所有的感覺都是正常的，從討論激盪中認識自己的身體感受

此頁繪本描繪了動物各種穿衣時的反應，這些不同的反應，可以作為跟孩子討論的素材。舉例而言，松鼠喜歡自己的尾巴露出來，因此，可以陪伴孩子探索，自己或孩子是不是也有喜歡自己的身體部位呢？而刺蝟感覺到衣服緊緊的，其中的因素，很可能是孩子長大了，感覺到衣服越來越小件，抑或是身體有某些部位特別敏感，因而在穿衣服時，會有種不太舒服的感覺。

關係中，好好「被回應」感受正向依附連結

同時，在這回應的過程，也協助將孩子的經驗語言化，幫助孩子練習閱讀自己的感受，讓孩子未來有相關經驗時，可以有語言進行表達。

家長們每次與孩子的回應都能做到當下如實的回應，是非常強人所難的。因此，只要做到足夠多，其實就已經夠好了。當家長們感到疲乏時，此時，可以中性地表達自己的狀態讓孩子知道，因為，關係中最重要的元素是「被回應」。

身體最大的器官，其實是皮膚，皮膚接收各種膚觸的感覺，衣服材質的不同、是不是有標籤、鬆緊的程度、環境冷熱程度、身體溫度的高低等等，都會產生不同的觸覺。

陪伴孩子認識個別差異

家長亦可以利用小動物的各種反應，跟孩子討論經驗，以拓展思考，並將經驗語言化。例如：「這樣好舒服，是誰說的？」、「他為什麼這樣說？」、「是因為他喜歡什麼？或不喜歡什麼？」

讓日常生活的互動趣味，成為孩子認識自己性別的起點

也許，有的家長會開始思考如何讓孩子破除性別的刻板化印象，會讓孩子知道男生女生不一定限定在特定顏色的穿著。但，有時會遇到的狀況是，孩子也會想要求性別刻板的衣物穿著，其中的理由可能是因為別人也是這樣啊！或者是孩子想在同儕中感到心安，不希望自己顯得太過奇特、奇怪。請記得無論是哪一種狀態，那都只是一個起點，孩子認識自己性別的起點。

性教育輕鬆玩

甚至，藉由衣服的創意穿法，也能夠幫助孩子從玩樂中認識自己、看見自己，如：把長褲穿在頭上變長髮公主，或者脫衣服脫到一半，剛好衣服卡在頭上；當然，也可以模仿甩髮的樣貌，長褲也可以綁在腰際，或斜綁在胸口做造型。每個人可以設計自己的創意造型，開心地在家裡走秀。

關於孩子的性嬉戲，家長可以先感覺一下自己的狀態，如果想要知道如何回應能讓孩子知道自己不喜

歡孩子的碰觸,可以參考另一本繪本《我不喜歡!停》,學會保有安全依附關係的設限方式。或者,你也可以先閱讀以下的內容,調整一下自己可以表達的範圍。

用傳遞知識回應孩子的性語言

孩子的觀察力很敏銳,孩子會發現成人男性與成人女性身體間的差異,尤其是母親的胸部,會自然被凸顯出來。當孩子為此感到好奇時,只需要回應孩子的「發現」就可以了。例如,孩子會問:「爸爸為什麼沒有大ㄋㄟㄋㄟ?」或「媽媽的ㄋㄟㄋㄟ為什麼這麼大?」,這時候就可以藉由「傳遞知識」的方式來回應孩子的好奇,舉例來說,可以回應:「因為媽媽的乳房會製造母乳給小寶寶喝,所以自然而然會比較大一些。」

藉由日常媒材拓展對性語言的感受

此外,也可以加入生活經驗,例如,在日常飲食中,會為孩子補充羊乳或是牛奶,此時便能帶到動物有分為哺乳類與非哺乳類的介紹。哺乳類的動物就是出生時,小寶寶會喝媽媽的乳汁長大;非哺乳類的話,就是動物身上沒有乳房。像是小魚會吃藻類、小雞會吃蚯蚓等等。

同時,也可以利用繪本上的動物們,跟孩子來分類,看看有哪些動物是哺乳類,那些動物不是哺乳類。不僅如此,隨著孩子身心發展的進程,也可以衍伸出更多的討論,例如:這些動物是胎生,胎生的動物,生出來的時候,會有臍帶與媽媽的子宮相連,那也是小寶寶在媽媽肚子裡吸收養分的管道喔!而那些動物是卵生,卵生動物,生出來的時候是在蛋裡面,在蛋裡慢慢孵化。

當然,也可以開始天馬行空想一些其他沒有在繪本中出現的動物,並陪伴孩子開始分類,從中應用與堆疊知識囉!

在「性」之中,
最重要的是尊重自己的感覺

讓我們一起思考一個觀點,不知道你是否有過一種

經驗,你給孩子新玩具,孩子一開始很好奇,不斷反覆地玩,但玩到一個程度就覺得沒什麼好玩的了。你可以把孩子對性語言的好奇與玩性,想成類似的概念,孩子玩夠了、滿足了,自然也就不好奇了。

即便家長們能理解這個概念,但更重要的是,需要回歸到自己的自在程度,並以此為基礎與孩子互動。一方面,讓孩子知道,每個人對性的自在程度本來就不同,另一方面,你也在示範,在性之中,最重要的就是尊重自己的感覺。

在遊戲中堆疊身體知識,
從歡樂中深化親子關係

從繪本裡的內容以及上述的內容中,可以看到「知識是堆疊出來的」,利用前一頁學習到「哺乳類才會分泌乳汁」、「母親的身體才能分泌乳汁」,拓展孩子的思考,並且透過遊戲,孩子開始拼湊知識,產生更多源源不絕的好奇,如:「兔子是哺乳類嗎?」、「烏龜會分泌乳汁嗎?」、「爸爸變成大恐龍的話,會有ㄋㄟㄋㄟ嗎?」透過想像遊戲,孩子逐步堆疊知識,也開始與現實知識接軌。

在這樣自然又歡樂的氣氛,不僅創造了自在談性的經驗,也讓孩子經驗到,如果有好奇,是可以拋出來與父母討論的。

本書的內容呈現是歡樂版,當然,同樣的對話內容,也可以是睡前親密版喔!各位家長可以自由依據不同的生活情境,為孩子創造出不同的自在談性的氛圍。

面對孩子性語言的發展，
能接納孩子想像並示範同理性的回應

這一頁，主要是在呈現孩子性語言的發展，以及家長可以如何因應。在孩子的發展過程中，有一段時間，會對大便、尿尿、屁屁這些性語言特別有反應。如同書中阿光看到小芸的黏土作品，自然反應好像大便。繪本中，我們呈現爸爸沒有對阿光的評論表示意見，沒有特別允許或不允許，而是用「陳述事實」的方式回應阿光，這裡的立場想表達的是：「給予阿光直觀表達的空間」，也同時呈現「你有你的看見，我有我的看見，每個人看見的不一樣」，示範「表達自己的需求，也接納孩子的想像」。在繪本中，沒有特別呈現小芸的情緒，也因此，爸爸沒有再多做些什麼。如果在現實互動中，有可能妹妹會抗議或者感到受傷，而有不高興的情緒反應，此時，家長可以做的是同時呈現雙方的狀態，先同理兩方。

例如——

爸爸：「哥哥，你看到作品的時候，一下子就覺得很像大便，是這樣嗎？」

哥哥：（可能會點點頭）

爸爸：「妹妹，妳不喜歡哥哥這樣說，是嗎？」

妹妹：（可能會點點頭）

接下來，就會依照當時不同的情境可以有各種創意做法，

例如——

爸爸可以拋出來問：「你們想想看，大便還有什麼顏色的呢？」

藉由創意性的問句來邀請孩子，激發孩子的想像空間，不僅能從親子互動與玩樂中，共同營造歡樂的氣與探索的樂趣，同時，在歡笑聲中，原先可能引發的情緒危機很可能也就自然迎刃而解了。

寓教於樂的好素材——
善用黏土能幫助孩子從玩樂中
學習知識與轉化思考

這兩頁，繪本呈現了小芸跟阿光在玩黏土的模樣，其實，許多學齡前的孩子都很喜歡玩黏土，黏土對於孩子的發展有許多益處，除了可以訓練手部肌肉的靈活之外，由於黏土的可塑性高，也可以讓孩子發揮想像力。

孩子的性發展階段充滿各種性語言與性嬉戲是非常自然的，一旦過了這段大量出現性語言與性嬉戲的時期，當孩子覺得「都玩過了，不好玩了」，好奇與敏感也就會遞減了。

優先照顧自己的感受，
才能站穩腳步，好好回應孩子的好奇

這一頁的小動物呈現了各種大便的樣貌，有不同的形狀與顏色。家長陪孩子討論的時候，最重要的是回歸到自己的感受，如果大量討論大便會感覺到不舒服的話，可以先調整為自己此刻覺得較為自在的回應方式。例如：「說這些，我真的覺得有點不舒服。我需要先暫停。」即便因為照顧自己的感受，而沒有時時在旁邊進行討論與引導，其實，孩子透過繪本的畫面，也能夠拓展對於大便的感受，增加各種想像的可能性。

大便,之所以有不同的形狀、顏色與氣味,是與不同的動物,有不同的進食方式、不同的食物類型,以及不同的排便方式都有所關係。因此,可以搭配此頁的動物圖片,舉例說明不同動物的排便差異。例如,如果是家中飼養的貓咪,會排便在貓沙盆裡;如果是繪本中沒有畫出的牛,因為牛不吃肉,所以大便的味道會比較不臭一些;而兔子會因為要再度消化與吸收,所以會出現吃下自己大便的行為。

利用知識的內容,回應孩子的性語言,可以轉向與拓展孩子的思考。

除了透過繪本的討論學習,在生活中也有許多適合討論的時刻,舉例來說,在孩子更小的時候,當家長們為孩子進行如廁訓練時,孩子也會觀察自己的大便,此時,家長也可以陪孩子一起觀察、分享與討論。

擁有權力感,
有助於建立孩子的內在我能感

天性喜愛嬉鬧的孩子,當然難免也會用性語言玩鬧。家長可以依照自在的程度,決定與孩子的玩鬧程度。或許,你也可以選擇與書中爸爸不一樣的反應,假裝吃下大便麵,然後,就假裝被大便麵臭昏。這樣的互動,所傳遞的訊息是:「孩子也有影響大人的能力」。在生活中,孩子是權力較少的一方,被設限的事物相對多一些,如此一來,能提供孩子更穩定的生活安全感。但透過遊戲的歷程,若能讓孩子經驗到他們也是有「影響」大人的力量,能藉機反轉孩子在生活中種種因成長自然感受到的無能感,此有助於提升孩子的內在我能感。

抑或者,家長可以再度利用知識,轉移孩子對性語言的注意力,把孩子帶到知識的汪洋中,來看看糞金龜是怎麼吃大便的,激發孩子的好奇心,同時也能達到教育的效果。

用知識拓展性好奇,以關係進行性教育

這兩頁的繪本內容,主要運用了「排泄」的概念,拓展孩子思考身體系統「如何獲取養分」與「如何排出不需要的」?

孩子在日常生活中,所有的好奇與發展,都能成為機會教育。例如:孩子在學會如廁時,可以陪孩子觀察自己的大便。討論從嘴裡吃進去的食物,怎麼變成排泄物。與孩子一起觀察大便、尿尿的顏色或者是形狀,怎麼樣是否健康。尿尿顏色的深淺,跟喝水量與流汗量也會有相關。

認識與了解自己的身體,
有助於強化孩子的自我感與安全感

讓孩子對自己的身體有更多的了解,可以強化孩子

的自我感，讓孩子越能掌握自己的身體狀況，進而提升孩子自己與自己的安全感。

在芸光臉書專欄的「親子萬花筒」系列文章裡，親職團隊陳姿曄心理師整理在家庭互動裡所創造的睡前故事——「大便王國」，故事是這樣的：「從前從前有一個大便王國，人民都只穿屁股有洞的褲子，於是大便都隨意掉出來，散落各地。國王覺得實在太臭了，於是，請人民乾脆都大便在護城河，防止其他國來攻擊他們。有一天，鄰近的國家準備要攻打大便王國，結果太臭了，無法攻打，不敵而退。回去之後，鄰國國王想了個辦法，於是，他們決定再次攻打大便王國。當天，他們帶了上萬隻的糞金龜來到護城河，糞金龜一路往前衝，漫天飛舞，結果士兵們身上都被糞金龜沾滿大便，士兵們覺得太臭了，都跑去洗澡，結果，大便王國就被攻打下來了。」

讀者可以感受一下，當各位家長們在說這個故事的時候，孩子經驗到的會是什麼呢？可能有「爸爸很會講故事」、「我們喜歡跟媽媽在一起」、「我們可以跟爺爺說任何事」、「和奶奶在一起很安心」等，而這些就是建立安全依附關係的重要基礎。

自然的生物觀察與對話中，
能夠減低孩子對性語言的敏感度

透過自然的生物觀察，在對話中，能減低對性語言的敏感度。關於孩子對於「性語言」有許多反應的狀態，我們有一個概念是：正因為性語言被過度不允許，因此，自然會形成對性語言的敏感。也就是，因為「不允許」所以會特別「有反應」。

因此，在標示動物的身體，使用正式的性器官名稱，例如：書中所提到的「陰莖」、「睾丸」、「肛門」、「大便」、「交配」等等，能夠不著痕跡地減低孩子對於性語言的敏感度，並且同時讓孩子保有觀察與理解的好奇心。如果家長們感覺到對於使用這些語言感覺到不自在，可以參考《啊哈！我也要生小寶寶！》的指導手冊第4頁的內容。

留意環境的潛規則，顧及他人的感受
而進行調整能幫助孩子培養人際能力

當然，不同的環境會有不同的潛規則，這也可以適時地讓孩子知道有些地方是能夠有多一些允許，而有些地方的共同默契則會是多一些顧及他人的感受。例如：如果家中有長輩對性語言比較敏感，就可以為孩子標定出來：「我們在叔公家的時候，為了照顧一下大人的感受，就比較不會這樣講話；但是，因為是在我們自己的家，媽媽知道你因為好奇、好玩，所以會講這些話語，這樣很是正常的。」這段語言，家長們在使用時，能調整為自己可以接受的範圍，這樣一來，有助於讓孩子更清楚知道你的狀態。例如：「我知道你們說這些話感覺到很好玩，但是，我會有些不舒服的感受，需要先暫停，如果你們想玩，我會先離開。」

關係中具備自在談性的基礎，
是與孩子進一步談論性的重要關鍵

有時，孩子會很直觀地描述所觀察到的現象，例如：書中所呈現的「疊高高」，此時，孩子是在單純描述他所看到的內容。單就書中的呈現，孩子只不過是想複製他所看到的動作，與性慾或者有進行性行為

的慾望無關。也許，有些家長會對於孩子「想要」模仿疊高高的動作會比較緊張，很可能是因為擔心孩子的話語是否與性慾的喚起有關。那麼，孩子的性慾是逐漸發生的，而當家長與孩子有自在談性的基礎時，也才能推進到與孩子討論如何與性慾共處的對話。

通常家長會思考，假若開始進行了性教育，也開始使用正確名稱稱呼生殖器官，到學校，孩子用不同於學校同學使用的名稱，這樣會不會反而有反效果？如果家長有預先思考到這個，建議可以先跟孩子預告：「每一家的習慣不一樣，大家使用稱呼生殖器官的名稱不一定是一樣的。」、「有的家庭對於談論身體比較自在，有些家庭則是談得比較少。」、「有的家庭對於身體或者性，會比較緊張跟在意，因為每個家的習慣不一樣。」、「如果你發現，有些人稱呼陰莖是小雞雞或者鳥鳥，或其他的名稱，那就像是有時候人會有綽號或者小名一樣。」

在現實的限制與孩子的好奇之間，為孩子撐出能夠安全探索的空間

學習，很重要的是自發學習的動力，而動力的背後是很多成人早已失去的好奇心。家長所面臨的挑戰，就是如何在保有孩子的好奇心，以及回應現實的限制之中，取得平衡。對於家長而言，往往最不容易的，就是在現實與孩子中間，撐出孩子能保有好奇心的空間。

這並不是一件容易的事情，常常，每一個時刻的拿捏，關乎到自己的價值觀、關乎到環境的限制、關乎對孩子的影響、關乎到潛在傳遞給孩子的訊息等等，因此，需要有一個相類似價值觀的支持系統，陪伴自己持續對話著，協助自己有機會澄清自己的思考。許多時候，在與環境互動的一來一往之際，往往都會造成家長們內在的挫折與創傷，因此，更重要的是，找到能夠支持自己信念與價值的社群，這樣的社群可以呵護自己的傷，相互激盪各種有創意的做法，為孩子撐住他們可以保有以自己發展速度的空間。

本書持續的示範如何拓展這樣的超現實空間存在，願我們的孩子保有對世界源源不絕的好奇與熱情。

我不喜歡！停

導讀

在戶外空間釋放精力，以五感體驗生活，保有探索世界的好奇心

公園，是家長很常帶孩子去的戶外遊戲場，所以，我們設計了公園的場景，作為可以討論情緒與人際界線的題材。

孩子經常有用不完的體力，在成長過程中，需要到戶外空間玩耍探索。透過戶外較大的空間，得以完成在家中或侷限的空間中，無法滿足的需求，可以更多肢體的伸展、跑跳，或盡情的釋放體力與精力。而且，大自然提供孩子許多的媒材，例如：樹葉、樹枝、動物、昆蟲，讓孩子保有好奇心來探索這個豐富多變的世界，也充分讓孩子能運用五感體驗不同的感受。

孩子在自在遊戲的當下，有時會不經意地暴露自己的貼身內褲，倘若是在戶外的空間，有時，這會讓家長開始感到有些緊張，覺得如果不提醒，孩子會不會習慣性地暴露自己，而無法保護自己，有這樣擔心的感受，是十分正常，也十分常見的。

家長覺察內在感受，安頓自己，並釐清自己與孩子的需求，選擇不同的做法

首先，家長可以覺察一下看到孩子露出內褲的感受，並安頓一下自己，可能是深呼吸，倘若，你還能涵容自己的緊張，並能以理解孩子在這個三歲的年紀，可能還沒有明確的隱私概念，所以，並不會一定需要特別的處理，而只需要持續地觀察著孩子的行為是否持續或有變化。

未來，逐漸地協助孩子建立「隱私」的概念，讓孩子學習到：在戶外的場所時，需要留意自己的貼身內褲。

或者是，依著自己的需求，如果家長還是會希望孩子能在戶外的場所不露出內褲，那麼可以採取的是：照顧大人的感受，同時也照顧孩子自在遊戲的需求，可能在盡可能減少干擾或影響孩子的遊戲之下，協助孩子調整遊戲的姿勢等。像是，邀請孩子離開原本的姿勢，或是讓孩子喝個水、吃個點心等等，都是可嘗試的做法。

也可能，家長會考慮著，如何讓孩子玩得自在，而家長同時也能安心，因此，有些家長會選擇在戶外的場景時，讓孩子穿著輕便的褲子，這也可能是另一種選擇。

49

那或許，也會有家長思考，其實自己是不安於其他人的眼光，不知道他人如何看待自己或孩子。此時，如果自己的擔心是在於如何回應他人的眼光，那我們要請你看見這是孩子發展的正常歷程。如果您有更多的焦慮或各種複雜的感受浮現，無法安頓，可以尋求親職性諮詢／商。

身體的靠近或擁抱獲得安全感，但孩子可能在不經意或好奇之下碰觸敏感部位

接著，我們呈現了孩子在公園玩耍後的樣貌，有可能在遊戲累了，或自在的遊戲一段時間，很自然地回到安全的依附對象身邊，透過擁抱，或身體靠近，得到確認「媽媽在」的安全感。不過，孩子有時不經意，或因著好奇、好玩，就直接碰觸大人的身體，尤其是媽媽胸部。這是一個無論是在家，或甚至有時在戶外，孩子經常容易出現的舉動，但也常讓家長感到困惑，或甚至是觸發親子間緊張的片刻。

溫和堅定，協助孩子鍛鍊「尊重他人身體界線」

在性教育中，我們一直強調：家長的言行舉止，正是在示範對於自己身體感覺的尊重。所以，文本中，媽媽說：「我不喜歡你摸我的乳房」、「我不喜歡，你就要停下來」，這樣的回應，協助孩子知道大人的感受，並練習尊重他人的身體界線。但因為在戶外，以及孩子處在緊張的狀態時，孩子仍可能堅持著原先的行為，正如同繪本中的小芸，在媽媽說了不喜歡的感受時，仍說：「我要摸！我要摸！」此時，媽媽是以較快速的方式，擁抱回應，這樣的方式，也能協助

孩子在混亂的情況之下，逐漸緩和下來。

如此一來，孩子可能經驗到，在第一時間，大人溫柔堅定的停止行為，所感受到的並不是關係的斷裂。孩子可以在當中逐漸感受到放鬆，而不是做錯事般的緊張。此時，在大人的協助下，讓情緒逐漸安頓之後，才能學習人際界線的能力，並且感受大人並不會因著我的行為，使我們的關係產生斷裂。

家長放鬆看待孩子的內心戲，允許孩子的任何感受

而一旁的小動物，自然可以成為親子間談話的媒材。每隻小動物呈現了我們所猜測孩子可能會有的感受與想法，以及對於媽媽的反應等，這些動物可能反映出孩子多種可能的內心戲。從中，家長得以理解，原來許多孩子可能會有的反應是如此多元，而這些理解，能協助家長得以稍稍放鬆。另外，也能夠支撐出一個空間，讓孩子可以天馬行空地說出任何內在的感受，並且得以在關係中，被允許、被涵容。

找適當的時機，梳理事件的脈絡，對話中感受被愛，學習尊重他人

在公園的現場，有時大人因考慮現實的狀況，要排除他人眼光的干擾，因此，有時必須做快速的處理，溫柔堅定地讓孩子停下行為，但無法在當下進行太多地核對，或讓孩子理解發生了什麼事。所以，延續著上一頁的場景，文中小芸的媽媽，選擇另一個時間與空間，將戶外可能需要快速處理的場景，再一次，放在親子關係中，成為日常的對話。幼兒的機會

教育，不見得總是必須在當下，而是能夠彈性選擇或另外創造可談的機會。

家長再次藉由一個機會，幫助孩子梳理事件的脈絡，有一個機會讓孩子說出感受，並從中得到大人的理解，或甚至家長透過遊戲化的語氣，如同文本中，小芸的媽媽說：「真的耶！媽媽兇兇。」以如同恐龍的口吻及表情，展演出孩子的感受，讓孩子的情緒得以被理解與接納。這個場景，無論是家中或是其他任何地方，任何親子關係的緊張，家長皆可以善用本書，成為觸發親子間，透過遊戲，梳理情緒，彼此連結，或是成為對話的可能，讓孩子有充分的機會可以說出內在的感受。

而圖中的小動物，呈現孩子可能的內在感受，家長仍可以再次邀請孩子，說出每個動物的心聲，藉此，家長有一個媒材，觀察著孩子可能的感受，並從中回應孩子的感受，創造同理與依附與正向連結的愛。

以孩子能理解的話語，協助學習尊重他人

年紀小的孩子，對於人際之間的行為界線，有時不見得能夠快速地理解，所以，事後的梳理是一個協助孩子不斷理解的過程。但如果規則太複雜，有時孩子不見得能夠做得出來。

所以，一般而言，會以一個重要的準則，像是：「尊重他人感受，當別人不喜歡時，就要停下來」，作為孩子在人際之間遵循的準則。如同此頁中，孩子的媽媽，以孩子的經驗為出發點，幫助孩子固定：當自己感覺不喜歡時，大人是可以尊重孩子的感受停下來，透過經驗式的學習，讓孩子能從中理解人際間的規則。

孩子需要大人協助，調節身體或心理感受

然而，通常，在與孩子梳理關係中緊張的片刻，孩子即使理解了，但心理仍可能感受到些微的做錯事或不舒服的感受，此時，會需要大人的靠近或身體接觸，讓孩子感到安心，像是透過擁抱的方式，來讓彼此感覺更加的親密。

而透過遊戲的方式，是最容易讓孩子感受到好玩與放鬆，所以，在生活中，隨時可以融入遊戲的擁抱法，也是在家中可以與孩子一起發想與經驗的，像是猴子爬樹擁抱法。當然，也有孩子可以經由對話梳理，讓情緒得到釋放，不一定要再經驗這個擁抱的肢體連結過程，或是自己還需要時間消化情緒，因而拒絕你的擁抱（像是孔雀），那也是正常的過程。

如此一來，孩子在過程中，不斷經驗到的是：要尊重每個人的感受，當讓他人不舒服時，要停下來。然而，身為大人，如果可以理解這個過程的情緒，在遊戲中經驗到彼此的連結，那麼，這個過程陪伴孩子所鍛鍊的能力，是在愛中發展的。

親職性教育，是在關係中練習不斷對話，連結彼此

親職性教育，時常是在日常生活中落實。繪本中，角落中的爸爸與阿光，從一個親子的活動中，親子間開啟了一段討論，討論一些對於在幼兒階段人際界線常出現的情況。

孩子經常經驗在關係中可以對話，感受可以被理解與接納，那麼，孩子比較有可能將在外面所發生的事，自然地在家人面前一一說出，並在關係中習慣性地進行對話或尋求大人的幫助。

幼兒世界，人際間的身體碰觸是常見的互動，透過梳理，理解各自感受

繪本中的阿光，正與爸爸談到在幼兒園發生的事。

一般來說，幼兒園中大班，開始人際之間大量的互動，孩子因著發展，會想要加入人際活動，但因人際技巧與人際界線尚未發展成熟，一不小心，容易產生人際間不愉快的經驗。

舉例來說，孩子之間因為追逐拉扯，可能意外地將他人身上的褲子拉扯下來。或者，有時覺得好玩，而將他人褲子拉扯下來，意外地引來同學哈哈大笑的反應，這些可能都是這類事件所發生的原因。

對於孩子來說，目睹了人際間的場景，可能有困惑或不能理解，明明一方已經表達不悅，為何另一方卻仍是無法停下行為。

透過孩子述說在學校的人際事件，可以化作一個很好的機會，幫助孩子鍛鍊人際之間的界線與情緒表達的能力。

孩子運用回應身體界線，大人陪伴討論鍛鍊人際能力

在繪本中，阿光說：「我會變成恐龍！停……」，在孩子的世界中，總是想要擁有強大有能量去抵抗外界，這可能是孩子會運用的方式。透過想像的力量，去面對人際壓力，在過程中經驗「有能力」的自己。

更多的部分，家長可以從兩個方向與孩子進行互動與討論：首先，讓孩子有機會說說看到對於事件的

看法與感受。

另外，與孩子討論，假如自己是場景中被追逐的人，可能的回應方式，自己如何去表達有能力的自己。而我們設計的小動物，當中，有一些做法，也可以成為協助孩子建構情緒表達及人際回應能力的輔助媒材。

孩子需大人協助解開困惑，在必要時連結資源

然而，在孩子之間的互動中，有可能其中一方已經清楚地表達不舒服的感受，希望對方停下來，但對方仍可能停不下來。此時，孩子會感到十分困惑與無助，這時，就需要大人更多的協助。

其中，包含透過一些資源的連結，像是同學、老師或是爸媽，來協助孩子。但這時，最重要的是，孩子「願意」「相信」關係，將困難交出，尋求協助，以減少人際間的衝擊。

大人覺察感受，安頓自己，允許孩子嘗試

大人在面對這些場景，第一時間，可以安靜三分鐘，留意自己在聽到孩子說明「自己已經表達自己的感受與想法，但同學仍停不下來」的時候，當下家長們心中所引發的感受。如果，超出你能負荷的，那麼，更重要的是先安頓自己的感受，或尋求專家資源，這樣，你才能在當中，陪著孩子討論當中的情緒、感受，或思考如何協助孩子。

而關於孩子在人際回應的方式，家長可能會覺得，

明明早已跟小孩說了更有效的方法，但孩子仍使用原本會的技巧，其實，這是很正常的，像是阿光說：「我會變成更大隻的恐龍！」來回應小琦。記得，孩子是在嘗試錯誤中，不斷練習與學習，進而慢慢調整可行的做法。

小動物成為媒材，演練人際困境，鍛鍊人際能力

最重要的是，妥善運用小動物，讓牠們成為觸發你們腦力激盪的素材。親子間，當孩子面對人際的困境，若能藉由大人的協助，練習清楚地表達自己的感受，同時能被大人理解，共同激盪出人際回應的能力。當需要時，有大人陪著討論可行性，能不斷地調整做法，那麼，孩子可以持續地經驗到：有困難時，可以依附大人，知道自己的情緒感受，能被大人理解與接納，在學習人際回應的能力時，經驗到自己可以相信關係、相信大人。

大人在穩定中支撐孩子，嘗試及錯誤中鍛鍊情緒及人際能力

因為中大班的年紀，孩子肢體的發展相對成熟有力，因此在遊戲之間，很可能一不小心，就容易動手，造成人際間不愉快的經驗。

面對這些情況，有可能大人與孩子事前已經討論過的方法，回到人際現場卻失效了，因此，孩子可能會感到非常挫折且困惑。記得，這也是很自然的事。此刻，重要的是，再次回到關係中，重新梳理感受與事件的經驗，透過被理解的過程，讓孩子願意繼續相信著大人，而不失去對人的信任。

孩子在人際間被捉弄，第一時間，感覺不舒服或生氣，可能直覺的反應也會是出手抵擋或甚至是出現打人的舉動，這常是讓大人感到生氣之處。那麼，如果你也有相同的感受時，請深呼吸，並覺察一下你的擔心或感受的原因為何，嘗試安頓自己。這樣，才有辦法好好陪著孩子再次梳理經驗。

這是孩子學習的過程，練習幫助孩子釐清感受，描述事件，處理孩子可能在當中，覺得被對方捉弄的不舒服，卻意外讓對方哭的委屈感，那麼，孩子才有可能會願意向對方道歉。

理解背後的脈絡，涵容孩子的行為；大人安住自己，陪伴孩子討論回應對方的做法

進一步，如何幫助孩子準備回應方式，可能是道歉，或重新修復關係，或具體做出讓對方感覺好一些的行為，回應對方的生氣。家長可以陪伴孩子激盪一百種回應關係的方式。先照顧孩子的情緒，再處理事情。

相反地，情況可能是，由於你的孩子年紀小，自己產生好奇，但卻造成別人不舒服，那麼，可能還是需要為自己的行為道歉或付出其他的行動來彌補。此刻，家長的位置，不必覺得羞愧，認為自己沒把孩子教好，或孩子犯了嚴重錯誤，也不必覺得防衛，認為對方是小題大作。而是一樣地，回到幫助孩子理解發生了什麼事，讓孩子的感受得以被理解，陪伴孩子鍛鍊出人際回應的能力，讓孩子感受也有人在乎他，那麼，才有辦法讓孩子進一步也放下防衛，不是將許多力氣花費在擔心大人生氣或否認做錯事上，而是能在大人的支持之下，學習應對的能力。每一次的鍛鍊，孩子經驗到的是：我的感受值得被尊重，「我」這個人，值得被愛，這樣，孩子也能愛自己。

孩子在人際互動中反覆的學習，能力是逐漸發展堆疊而成

孩子對於人際行為與人際界線的學習，需要家長們有耐心地陪伴與教導，學習的歷程是一直個來回往復的過程，並不會因為一次的討論，孩子就可以完全做得到。

尤其，當孩子自己成為當事人時，孩子不僅要承受，在當下內心所浮現的情緒感受，又要能夠做出適當的回應，這實在不是一件容易的事。所以，身為大人，需要理解：這是孩子在發展過程中，不斷地嘗試與錯誤的過程，需要更多的理解以及陪伴孩子梳理感受，並從中討論出人際回應的能力。

大人不斷梳理經驗，標示及調節情緒，發展人際能力

倘若，孩子在人際行為中，因為不小心的反應，而造成他人不舒服的感受或哭泣，孩子本身其實也常感到不知所措，或是內心會充滿複雜的感受，像是害怕做錯事，或覺得自己很委屈，抑或困惑著對方的情緒，這時，就很需要大人協助整理這些經驗，從中陪伴孩子建構及發展更多人際的能力。

而小動物的角色，就可以成為家長與孩子討論時的輔助的內容，讓孩子有機會說出，面臨自己行為意外造成讓別人不舒服時，自己內在的感受，讓孩子有一個機會充分地釐清自己的感受，這過程，是讓孩子感受到，即使面臨困難，大人仍會與我同在的重要經驗。

而在這個年紀，孩子一些直接的肢體行為，經常是因為原先所具備的能力已不足以應付當時的場景，才可能會出手，於此同時，自己可能也經驗了無力與不知道怎麼辦的狀況。所以，大人可以將此理解為：孩子缺乏相關的能力，那麼，接下來，家長能做的，就是理解孩子，協助建立相關的能力。

穿越行為，理解孩子背後需求

孩子在人際之間的互動，大部分是喜歡玩在一起，沒有誰故意想讓誰不舒服，所謂的故意，比較是背後有需求未被滿足，像是沒有被喜歡、沒有被注意、想要加入被拒絕等。故意，比較是像是成人世界裡，給予孩子的標記。

所以，經常，孩子的許多行為反應，只是在說，對方讓自己不舒服，我想要讓對方停止下來。

而幼兒園的人際互動場景十分複雜多樣，有時，可能可以預先與孩子在家中沙盤推演一番，協助孩子心裡有所準備。但到了實際的現場時，仍需老師的協助，才有可能避免衝突在幼兒園的環境裡再次發生。

因此，此時，我們可以邀請孩子，討論如何連結學校資源，像是老師，一起來協助孩子。那麼，對話的內容可能包含：家長找老師討論時，孩子的感受或擔憂，與老師討論的內容，以及希望得到的幫助等等，愈具體的內容，能讓孩子感受到安心，否則，孩子容易擔心，若家長找老師討論，可能會引發不確定的結果。

親職性教育，是關係教育，成為未來孩子任何疑惑及感受都願意討論的對象

親職性教育，最重要的核心，就是讓孩子持續地信任與大人的關係，任何心中的疑惑或奇怪的感受，都可以在關係中討論，在討論中獲得幫助。

大人常希望孩子能有保護自己的方式，但其實，更符合孩子現階段能做的事，應該是面臨任何困境時，因著信任關係的穩固，能安心地找大人協助。因為，畢竟，孩子的身體與心理，都還在發展當中，許多人際的碰觸或高壓的人際互動，經常是超過孩子所能負荷的，要孩子為這些事負起自我保護的責任，顯然不合理。

所以，以這一套繪本而言，或像是這本書所呈現的內容，都是嘗試在任何侵犯人際界線的事件中，不斷讓孩子體驗到，大人與我同在、大人可以理解我的感受、陪伴我梳理經驗，同時可以與我一起創造解決事情的方法。並與孩子建立最大的原則──當別人交代不能說，就一定要讓大人知道。

而繪本中，寫在黑板上的幾點敘述，這些比較是孩子能做得到的：知道自己心中那些怪怪的感受與疑惑、不確定，同時能夠相信關係，主動尋求大人的協助，這是現階段孩子所能夠學習並且培養的能力。

在日常中，透過遊戲建立身體界線，也理解每個人都不同

人與人互動，難免會有肢體的接觸，無論是孩子們在遊戲之間，或是大人與孩子互動之間等，這些都是常見的人際場景。所以，肢體碰觸常是引發孩子之間或甚至孩子與大人之間一些緊張的片刻。

而所謂人際間身體界線，正是回到尊重每個人的身體感受。

所以，在日常生活中，可以初步與孩子討論身體被碰觸的部位，哪些部位是允許可以被碰觸，哪些部位是不喜歡的，這也是全家人可以進行的活動，在當中，孩子可能會經驗到，原來，每個人是不同的，練習尊重彼此。

這個概念，可以拓展到像是被抱的方式，或是被碰觸身體的方式，或是孩子穿衣的感受。

繪本中的小動物，再次出場，成為家庭中可以討論的媒材，讓孩子可以在遊戲中，想像碰觸這些動物的感受，或是這些動物被碰觸的感受，讓知識能透過一個輕鬆又好玩的活動被傳遞出去，讓孩子在遊戲中學習人際界線，在好玩中感受到全家人在一起，並認識每一個人都有所不同。

【荷光幼兒性教育繪本套書】
阿光小芸日常的嘰哩呱啦指導手冊

總策畫：呂嘉惠
　作者：王嘉琪、陳姿曄、楊舒聿（依筆劃順序排列）
　繪圖：享畫有限公司
美術編輯：邵信成
文字編輯：林沛辰、陳美如

發行人：呂嘉惠
出版者：荷光性諮商專業訓練中心
　電話：02-2918-1060
　地址：新北市新店區中華路60巷2弄3號3樓
荷光官網：http://www.beone.tw/
出版日期：2022年2月／初版二刷／2000套
　印刷：上海印刷廠股份有限公司／02-22697921~3
　定價：280元（全套定價：1950元）

Printed in Taiwan